国家出版基金项目

社会主义核心价值体系建设
"双百"出版工程
项 目

/100位
新中国成立以来感动中国人物/

谭竹青

邵雅明/编著

吉林文史出版社

《100位新中国成立以来感动中国人物》丛书

编 委 会

主　任	何建明	蒋建农	高　磊	
副主任	孙云晓	徐　潜	张　克	王尔立
编　委	王久辛	杨大群	黄晓萍	申　剑
	褚当阳	刘玉民	王小平	相南翔
	夏冬波	刘忠义	高　飞	陈　方
	阿勒得尔图	陈富贵		

前言

　　每个人的心中都多少有一点英雄情结，都向往英雄、景仰英雄。也正因此，在中华人民共和国建国六十周年之际，由中央十一部委联合组织开展的"100位为新中国成立作出突出贡献的英雄模范人物和100位新中国成立以来感动中国人物"的评选活动中，群众参与投票总数近一亿。这其中的每一张选票，都表达了人们对英雄模范的崇敬之情，寄托着对伟大祖国的美好祝福。

　　一个民族不能没有英雄，否则这个民族就不会强大。当国家危难之时，懦弱者选择了逃避、妥协甚至投降，英雄们却挺身而出，用热血捍卫民族的尊严，人民的幸福。在创立和建设新中国的伟大历程中，涌现出无数可歌可泣的英雄模范人物。他们之中，有为了民族独立和人民解放而英勇牺牲的革命先烈，有为了党和人民的事业而不懈奋斗的优秀共产党员，有在全民族抗战中顽强奋战、为国捐躯的爱国将士，有英勇杀敌的战斗英雄和革命群众，有积极从事进步活动的著名民主爱国人士和国际友人……他们是民族的脊梁、祖国的骄傲，是激励全体人民团结奋斗的精神力量。

　　《100位新中国成立以来感动中国人物》丛书，就像一部星光璀璨的英雄谱，真实、完整地记录了英雄模范人物不平凡的一生，再现了他们非凡的人格魅力和精神世界。舍身堵枪眼的黄继光，拼命也要拿下大油田的王进喜，中国原子弹之父邓稼先，新时期领导干部的楷模孔繁森……一串串闪光的名字，一个个动人的故事，犹如群星闪烁，光耀中华。

　　当今中国正处于伟大变革的时代，迫切需要涌现出一大批勇于承担历史使命、为祖国和人民奉献一切的先进人物。在"双百"人物崇高精神的引领下，在建设社会主义现代化国家的征程中，必将英雄辈出。

生平简介

谭竹青，1931年生，1948年参加工作，1975年6月加入中国共产党。1956年至2005年，一直担任吉林省长春市二道区东站街道十委社区居委会主任，1979年起兼任党委书记，2005年12月3日因病逝世，终年74岁。谭竹青从事社区居委会工作48年，用近半个世纪的行动、热情和奉献谱写了辉煌壮丽的人生篇章，在她的带领下，东站十委社区先后被评为吉林省"精品社区"、党建综合示范社区、长春市文明示范社区、党建标兵社区、"十大魅力"社区，被群众誉为"社区明珠"、"温馨家园"。谭竹青把毕生精力都献给了挚爱的社区居委会事业，用崇高的精神境界和高尚的人格魅力，赢得了广大居民群众的尊敬和爱戴，被居民群众亲切地称为"小巷总理"。

谭竹青自1986年至2004年间，曾荣获全国优秀党务工作者、全国"三八"红旗手、全国优秀党务工作者、全国劳动模范、全国优秀人民调解员、"中国保护未成年人杰出公民"、全国模范人民调解员、全国计划生育协会先进志愿者、全国社会治安综合治理先进个人、全国社区志愿者先进个人、全国优秀工作者全国优秀居委会主任"孺子牛"奖等国家级荣誉称号15项，获得省市优秀共产党员标兵、优秀党务工作者标兵、劳动模范等荣誉称号170多项。2006年被追授为全国优秀共产党员，同年3月被国家民政部追授为全国社区工作者楷模，这一殊荣目前在全国仅此一人。她是100位新中国成立以来感动中国人物之一。

谭竹青在社区居委会这一平凡的岗位上，工作近半个世纪，她始终坚持上为党和政府分忧，下为社区居民解难，为居民办实事，做好事。特别是改革开放以来，她解放思想，与时俱进，带领社区干部、居民艰苦创业，使东站十委社区发生了翻天覆地的变化，她在平凡的岗位上创造了不平凡的业绩。逝世后，她的先进事迹在吉林省乃至全国，竞相传颂，家喻户晓，为全国社区工作者和党员干部树立了光辉榜样。

1931-2005

[TANZHUQING]

◀谭竹青

目 录 MULU

■ 小巷无名惊天下，竹到凌云老更青（代序） / 001

　　■ 难忘的记忆 / 001

白手起家 / 002
拿出家里当时全部积蓄450元钱，从炸油条、卖豆腐干起，带领一班人踏上了白手起家的创业路。

　　调解一线的实践人 / 006
　　家庭纠纷看似小事，处理不及时或处理不当，也会引发矛盾，酿成大事，多年来谭竹青坚持依法调解，化解矛盾纠纷，防止纠纷激化，为国家分忧，为居民解难。

发展创新民调工作的开拓人 / 009
为了发展新时期人民调解工作，谭竹青提出了民调工作坚持"五心"的新方法，开拓创新，成效显著。

　　雨中情 / 014
　　谭竹青从1995年起就担起了藏莹莹的"代理妈妈"的职责，不仅帮助小莹莹完成学业，而且使小莹莹的家庭脱贫解困。

胜似亲生母亲 / 015
徐东升同学的母亲张子华单位效益不好，父亲徐哲打零工，生活拮据，谭竹青又为徐东升当了"代理妈妈"。徐东升同学常对别人说谭竹青胜似母亲，"我能有一个这样的代理妈妈真是太荣兴了"。

　　爱老扶困 / 017
　　老人犯病不问老伴却说这病谭主任最清楚，让去问问她该吃啥药；儿女双全的老人却羡慕由谭竹青照顾的无儿无女的老人。不仅如此，谭竹青还帮助60余名下岗职工参加了培训，使他们充满自信地走上了再就业之路。

温暖下一代 / 020
谭竹青真诚热心地帮助了男青年重新走入人生正轨,使他不再有一脸江湖气。对已犯罪服刑和"两劳释解"人员,谭竹青全力帮教救助,使他们和家人感受到社会的温暖,感受到了人间自有真情在。

社区服务的开拓人 / 022
谭竹青以服务群众为自己的人生宗旨,以大气魄、大手笔、高起点,使社区服务不断上档次、上水平、日趋完善。

建幼儿园拆了自家半间房 / 027
随着社区经济的不断发展壮大,手里有了点钱的谭竹青决定要解决社区孩子入托难的问题。由于幼儿园的园址就选在了谭竹青家的边上,实地选址测量时,正好需要拆掉她家的半间房。

未成年人思想道德建设的领路人 / 029
为了有效开展好未成年人思想道德建设工作,谭竹青以高度的责任感和事业心,以为成年人思想道德建设教育为己任,保证了未成年人思想道德建设工作在十委的顺利开展。

创业者的贴心人 / 032
谭竹青组织的"创业在东站"、"创业在社区"活动蓬勃地开展起来,一大批创业者和下岗失业人员走上了创业致富之路,社区经济持续稳定发展,居民群众安居乐业。

她圆了居民的"住房梦" / 037
截止到2005年的12月,也就在谭主任临去世的前几天,最后一户居民也告别平房住进了楼房。社区居民一批接一批地住进了宽敞明亮的社区安居大厦,她却依然住在不足10平方米的低矮平房里。

创建居民自己的节日"邻居节" / 039
邻里互助是建设和谐社区的内在要求。谭竹青致力于化解邻里纠纷,搭建邻里相知、沟通、交流的平台,使居民感受到社区这个大家庭的温暖。

创业致富不忘回报社会的董学芹 / 042
在谭主任的帮助下,董学芹的面食生意逐渐做大。她也常常说:"我现在生活富裕了,但我不能忘记老主任对我的帮助,人得懂得感恩,懂得回报。"她主动承担了辖区两个贫困孩子的"代理妈妈",承诺直到他们完成学业。

小咸菜香飘四季 / 045
在谭竹青的鼓励和支持下,金淑的朝鲜族咸菜摊开张了。由于她注意扩大品种,保证质量,热情服务,半年下来,买卖红红火火、生意兴旺,成为成功创业者中的一员。

三件棉袄 一单工资清单 / 047
谭竹青这一生给国家创造了几百万的利税，但个人在物质生活方面却非常俭朴，即便是过年过节她也舍不得给自己做件新衣裳。

责任重于生命 / 049
谭竹青有几次机会当干部，都放弃了。她常说，党组织信任我，居民们选了我，我看中的就是这，我要尽职尽责为大伙办事。

权为民所用 / 052
曾有人感到不可思议："谭竹青这个老太太，能力特大，她能办农转非进城，能从局子里捞人，能让房地产开发商让利，都一点不用花钱，她凭什么呀？"知情人说，在居委会主任这个官不入序列的位置上，谭竹青诠释了"权为民所用"。

■与谭竹青共同走过的日子 / 055

为社区和谐奋斗终生的好书记、好主任 / 056
我和谭竹青共事多年，在我心中，她是一位为党和政府分忧、为居民群众解难、为社区和谐奋斗终生的好书记、好主任。

姥姥留给了我最宝贵的精神财富 / 063
我是谭竹青的外孙女，从小就和姥姥在一起生活。姥姥很疼我，我更爱我的姥姥。虽然姥姥已经离开了我，但我的内心深处一直沐浴在姥姥精神和人格的阳光里。

老主任，你是我心中永远的丰碑 / 068
我是1989年到东站十委工作的，与谭竹青朝夕相处了16年。这些年来，谭竹青做的一些事、说的一些话，都在我的心里留下了深深的烙印，叫我一辈子都忘不了。

谭姨，你为我撑起一片天 / 073
我是曾经得到过谭竹青帮助的下岗再就业职工。对于我，谭竹青是恩人、是长辈，我习惯地叫她"谭姨"。谭姨为我撑起了一片天，她不仅让我有了今天的好生活，而且让我懂得了许多做人的道理。

社区老人的贴心人 / 078
我在谭竹青身边工作了20年。她习惯叫我"袁老三"，我叫她"谭姨"。在这20年里，我亲眼目睹了谭姨为十委的老人们呕心沥血、忘我工作的情景。

■记者眼中的谭竹青 / 083

把居民的事看得比天大 / 084
天不言自高,地无语自厚。谭竹青没走,她作为一个共产党员的高风亮节、公仆情怀永远留在人们的心上。

她为居民谋幸福 / 092
十委居民生活中的"子女入托、吃饭、行路、就医、维修房屋、理发、孤寡老人生活和待业青年、两劳释解人员安置"这八难,谭竹青都一一解决了。她心里想的只是为居民谋幸福。

风采尽出小巷中 / 107
一个老人,她74岁的生命在2005年12月3日就已经停止,但她的名字却越来越广泛地在她生活过的城市里传颂。

为官一任:为国分忧 为民解难 / 111
"我是个党员,我干这个(居委会工作)的,上为国家、为党中央分忧,下为居民解难,这是一个党员干部的责任。"

■附录 / 115

学习谭竹青的重要批示 / 116
民政部关于追授谭竹青同志"社区工作者楷模"荣誉称号的决定 / 118
学习谭竹青 建设和谐社区 / 121

■后记 继承遗志,服务社区 / 127

小巷无名惊天下，竹到凌云老更青（代序）

谭竹青，没有显赫的官位，默默地在居委会主任的平凡岗位上奋斗了48个春秋。她没有豪言壮语，却以自己的实际行动在一穷二白的基础上创建了一个环境优美、文明富裕的大社区，她用爱和奉献谱写了一曲感人至深的人生之歌。

谭竹青家境贫寒，自幼过着饥寒交迫、衣食无依的生活，几乎没有机会学习文化知识。15岁的时候，父母相继去世，她不得不领着年仅7岁的弟弟流浪街头，乞讨为生。1948年，长春解放了，解放军把她们姐弟俩从死亡线上救了回来，她带着对党和政府深深的感激之情走向了新的生活，参加了革命工作。1978年，改革开放的春风吹遍了祖国的大江南北。然而，此时的二道区东站十委社区居委会却穷得连办公用品都买不起，社区环境脏乱不堪，一片贫穷落后的棚户区，被居民称为"都市里的村庄"。面对党的富民政策和社区贫困落后的状况，已近知天命之年的谭竹青经过苦苦的思索，义无反顾地带领退休人员和待业青年，通过自筹资金，自主建房，从摆路边摊、卖油条、炸麻花做起，办起了东站十委的第一家集体企业——如意小吃部，迈出了发展经济的第一步。

"小巷无名惊天下，竹到凌云老更青。"这是在谭竹青老人66岁华诞之时，原二道区委副书记孙恒笑为谭老敬献的贺辞，淋漓尽致地高度概括了谭老的一生，是她一生的真实写照。

谭竹青把毕生精力都献给了她热爱的社区居委会事业，她用崇高的精神境界和高尚的人格魅力，赢得了广大居民的尊敬和爱戴。被群众亲切地称为"小巷总理"的谭竹青，是迄今为止在全国社区工作领域中唯一荣获"社区工作者楷模"殊荣的优秀干部。谭竹青的一生诠释了"立党为公、执政为民"的深刻内涵，诠释了一名基层社区干部对社区工作"既然选择、无怨无悔"的执着追求。她以48年居委会主任的经历，成为在中国这个不入序列的小官上任职时间最长的人之一。她一生获得170多项表彰，厚厚的证书和奖章是她留给子女的唯一遗产。

她所在的长春市二道区东站十委社区，从昔日"三条胡同一条街，出门一身土、雨天两脚泥"的贫民窟，发展成为今天环境优美舒心，文化娱乐开心，居住安宁放心，经济繁荣欢心，生活方便称心，远近闻名的"五心"社区，而她被喻为"社区之魂"。她的传奇人生穿越半个世纪的风雨，她身上的不懈干劲、亲民情结和高尚人格成为建设和谐社会的宝贵财富。

难忘的记忆

→ 白手起家

1978年,党的十一届三中全会召开前夕,关于真理标准的讨论方兴未艾。当时的东站十委没有任何经济实体,没有一点收入,谭竹青决心创办集体经济,发展委办事业。怎么干?干什么?思来想去,她决定炸大果子、做豆浆。每天凌晨两三点钟起来派人到东站桥那边批酥饼,这边和面、磨豆子。6点多钟,热腾腾的豆浆、香脆可口的大果子、酥饼已在车水马龙的八道街路口摆摊开张,川流不息的上班的人纷纷购买。当时的物价低,一份果子豆浆挣几分钱,"燕子垒窝一口口泥",谭竹青就从这里起家,开始了艰苦创业。

就这样,她和老伴拿出了家里当时的全部积蓄450元钱,从炸油条、卖豆浆干起,带领一班人踏上了白手起家的创业路。转眼到了1984年,靠着前几年的一颗汗珠摔八瓣的苦战奋斗,谭竹青的手里有了几万块钱,此后,她又带领大家先后办起了服装厂、制鞋厂、装

△ 创业初期的麻花作坊

潢公司、皮革加工厂、印刷厂等十几个企业，凭着这种强烈的事业心和责任感，凭着这种实干加苦干的劲头，委办企业从无到有，从小到大，从弱到强，不断发展。目前，十委已有17个大小企业，自1985年以来，她累计向国家交纳税金680余万元，2000年以来年交税60余万元。

虽然手里有了几万块钱，但谭竹青没有止步，她把眼光放得更远，决心改变面貌，造福十委百姓。她要盖起两个小楼，一个用作开敬老院和托儿所，一个用来办公。可这点钱捉襟见肘，怎么办？还是那句老话：自力更生，白

△ 印刷厂

手起家。谭竹青带上委干部到处"溜达",看到哪里施工拆房子,她就上前搭话,以最低的价格,买旧木料、房架子、旧门窗。一开始人家理都不理,赶她走。谭竹青不管这些,一遍又一遍地介绍情况,说明原因,最终人家被"这个老太太的精神"所感动,几乎是白送给她这些东西。水泥、砖、沙子的来源还是从前的老办法,上伊通河挖,向施工队要。几个月下来,材料总算凑齐了,人工怎么办?谭竹青有办法。辖区内经她帮助过的小青年来了一帮,技工是她老伴宋国华,打杂、后勤这一摊是谭竹青和她的几位老主任助手。

人心齐，泰山移。三个月过去，两座分别为240平方米的小二楼盖起来了，"益寿院"和托儿所办起来了，十委的12位"五保户"孤寡老人住进了敬老院，托儿所招收了30多名学龄前儿童。现在看这些不算啥，可在当时那可是件了不起的事情，在全市占了"四个第一"：第一个由居委会办的敬老院，第一个由居委会办的托儿所，第一个从小房办公到宽敞整洁的两层楼房办公的居委会，全省第一个由居民委兴建、管理的室内综合服务市场。

△ 东站十委社区益寿院

调解一线的实践人

★★★★★

家庭纠纷看似小事,处理不及时或处理不当,也会引发矛盾酿成大事,多年来谭竹青以上为国家分忧,下为居民解难为宗旨,坚持依法调解,化解矛盾纠纷,防止纠纷激化,不断提升社区调解工作的效能。

谭妈挽救了他这个濒临破碎的家庭

辖区居民钟国光,曾因某种问题被错判劳教一年。在狱中,钟国光得了严重的心脏病,需要大量经常性服药,家中有一个上高中的学生,生活很艰难,在这种情况下,妻子提出与丈夫钟国光离婚。钟国光回家后觉得由于自己给家中带来了负担,感到没有勇气再活下去,便到药店买了100片安眠药,准备离开人间,就在这紧要关头,社区民调人员及时走进了这个家门,耐心细致地做夫妻二人的工作。鼓励他们面对人生,面对挫折,对家庭负责,对孩子负责。经过反复细致的工作,二人重新鼓起了生活的勇气,一家人又重新

△ 收集民情民意,化解纠纷

开始了往日安宁幸福的生活。钟国光逢人便说是谭妈挽救了他这个濒临破碎的家庭。

谭妈,有你我真幸福

社区一个叫唐微的居民,因感情不合,同爱人办了离婚手续,男方多次酗酒后,无端到女方单位闹事,把女方办公桌上的用品打落满地,双方在厮打中女方被打伤,使唐微和孩子无法正常工作和生活,唐微的精神也因此受到很大刺激。得知这一情况,谭竹青亲自出面调解矛盾,并请来双方单位领导及派出所和法院的同志实行三管齐下,共同化解,并按照有关法律和民事调解的有关文件精神对男方做了一定的要求赔偿处置。签定了有关协议，经过多方努力和依法调解，这起长达一年多的离婚纠纷终于圆满解决，唐微母子的正常生活有了保证。她拉着谭竹青的手说："要不是为了孩子，我真不想活了，多亏了你使我的问题得到了解决，谭妈，有你我真幸福。"

要不是"老妈"，后果不知啥样呢

社区内居民杨某是一个出了名的好吃懒做，天天喝大酒，酒后又闹事的人物，常常无端打骂爱人和孩子。谭竹青便主动把他作为自己的包保对象。2005年春节前的一天，爱人正在给孩子辅导英语，杨某带着满身酒气一进门便无端谩骂爱人。爱人与他说理，他反而顺手拿起茶杯失手打伤了孩子的头部，爱人和孩子立即躲进屋里关上门，气急之下，杨某到厨房拿起刀不住地砍门。就在这场家庭纠纷就要产生严重后果的时候，谭竹青和调委会的人一路小跑及时赶到现场，此时74岁的谭竹青已是上气不接下气。她大声喝道："你把刀给我放下！"趁着杨某一愣神，几位调解员上前夺下了菜刀，及时制止了这一酒后行凶事件。事后，谭竹青对杨某进行了严厉的批评教育，并经过协商，将其爱人安排在社区托儿所工作。使一家人很受感动，经过反复做调解工作，杨某主动到社区承认错误，并十分愧疚地说："我的所作所为险些铸成大错，要不是'老妈'，后果还不知道啥样呢。"

发展创新民调工作的开拓人

"五心"工作法

为了适应市场经济新形势下调解工作出现的新情况、新特点,努力探索社区民调工作的新途径,发展新时期人民调解工作。谭竹青提出了民调工作坚持"五心"的新方法,即:接待当事人要热心,调查了解要细心,教育疏导要诚心,调解纠纷要耐心,执行协议要决心。被省、市司法部门采纳推广,并产生了良好的反响。

以后有事不用去法院,到社区就行了

13栋居民卢超夫妻感情不合,常常喝酒与爱人吵闹,二人矛盾越来越深,双方单位领导和亲属多方面劝解都不见成效。谭竹青了解这一情况后,带领调委会工作人员及时到他家了解情况,进行劝解,做其爱人工作,卢超听说调委会到他家里做工作就大吵大骂地来到社区,骂骂咧咧地说:"我们两口子的事谁都管不了,就凭你们一个小小的社区还想管好,我们俩生活上的事谁都解决不了。"卢超的态度十分强硬,在这种情况下,谭竹青以极大的诚心、热心、耐心反复细致做双方的工作,了解其主要原因后,又为他们送去了有关夫妻生活方面知识的书籍,并请教了心理医生,帮他们找到了根源,终于使他们化解了矛盾,增进了情感,和睦相处了。后来,卢超特意来到社区真诚地对谭竹青不好意思地说:"真没想到,谭姨你们调解委员会真能把我们家的问题解决好,以后有事不用去法院,到社区就行了。"

谭竹青主任救了我们一家人

一次,谭竹青主任到居民家走访,当来到居民梁国旗家时,发现梁的妻子躺在床上,叫了半天梁妻才睁开眼睛,无力地用手指了指放在桌子上的纸条,上面写着:"我的死与别人无关,是我不想活了。"再一看,100片一瓶的安眠药被她吃了只剩下个空瓶子。调委会马上招呼人,把她送进医院抢救,由于发现早,抢救及时,避免了一起非正常死亡案件的发生。梁妻出院后,他们又反复细致地做她的工作,她终于吐出了真情。原来其夫在外开车,经常不回家,一次她给爱人洗衣服时,在兜里发现一首诗,她误以为是情诗,她指责丈夫有外遇,两人就吵了起来,她一气之下就寻短见,想一死了之。正当做他俩工作时,女方的两个弟弟得知情况后,手持菜刀闯入梁家,声言要杀死姐夫,替姐姐报仇。调委会在谭竹青主任的带领下,立即赶到现场,见梁妻的两个弟弟气势汹汹地手握菜刀,瞪着血红的眼睛,梁国旗也手拿木棒,气得两手发抖,一场血案即将发生。谭主任奋不顾身地冲上前去,夺下双方的凶器,稳住了事态,接着对双方进行了批评教育,并依照有关法律进行法制教育和调

△ 梁国旗

解,一直调解到深夜。主任的热心,终于使双方醒悟了过来,梁妻的两个弟弟面带愧色,内疚地说:"谭姨,你不仅救了我姐姐的命,也挽救了我们哥俩儿,否则不知有什么后果呢。"在他们的调解下,终于使他们夫妻消除了误会,和好如初。事隔不久,梁国旗自己买了汽车,搞个体运输,不但没挣反而还赔了几万元,梁国旗为此着急上火,一下子病倒在家里,还产生了厌世轻生的念头。谭竹青主任得知情况后,从自己家拿出仅有的1000元钱为梁国旗治病。病好后,还把他安排到委办企业开车。现在梁国旗不但工作干得好,家庭美满和睦,还主动担当起居民组的调解工作,他的妻子逢人就讲,是谭竹青主任救了我们一家人呀!

居民议事会化解邻里纠纷

143组一楼居民王秋海与二楼居民王洪伟因下水堵漏,双方发生纠纷,经社区调委会多次调解,有所缓解。一次,又因二楼漏水,污水和粪便将一楼王秋海家的米、菜、油等食物浸泡,王秋海气急之下冲上楼去要与王洪伟动手,谭竹青与社区调委会当即出面调解,并将相关的一到七楼的居民召集在一起,召开居民议事会,共同研究解决问题的措施,一直研究到晚上9点多,最后与居民达成协议,各家齐钱,由社区出面找人重新更换管道,施工过程中,谭竹青与调委会工作人员从头跟到尾,直到彻底修好。

打开婆媳心头上的那扇窗

辖区内有一户姓王的人家,由于婆媳关系不和,导致家庭矛盾很大,使原本和睦的家庭失去了往日的宁静。老王太太爱挑剔,媳妇把粥煮稀了,她说"顺汤跑了";煮干了,她说"糊嗓子"。一来二去,婆婆看媳妇不顺眼,媳妇也不好好伺候婆婆了。婆媳二人说话就崩,针尖对麦芒,谁也不服谁。老实厚道的儿子劝妈劝不动,说媳妇说不听,心里苦闷,上班打不起精神来。谭竹青把情况弄清后,开展说服教育工作:"老年人的旧思想比较多,你们当晚辈的要担待些,要用行动去感化她。你每月开工资或逢年过节主动给老人买点好吃的、穿的,渐渐地老人准会高兴的。"一席话,说得儿媳妇开了窍。接着,谭竹青又去做王家婆婆的工作:"咱们上岁数的人,不能用老眼光看待现在的年轻人。她在外边工作也很累,咱当老人的要帮她干点儿力所能及的事。你疼她,她会孝敬你的。"

就这样,谭竹青前后去王家十多次,反复做工作,从华灯初上谈到月挂中天,有了活就一边帮着干,一边唠。绵绵话语似缕缕春风打开了婆媳二人心头上的那扇窗,婆媳二人的关系由此变得融洽了。儿媳每天下班回来,主动向婆婆问寒问暖,每月开支或过节都买些婆婆爱吃的食物；儿媳下夜班，也时常吃到婆婆给做的可口饭菜。儿子见此情景，也乐得闭不上嘴，上下班像孩子似的蹦蹦跳跳，工作也有劲头。一家三代欢欢乐乐，和睦相处，被委里评为文明家庭。

冒险平息了一场即将发生的悲剧

一天上午8点多钟，辖区内一位居民的妹妹因家庭纠纷，被婆家打得鼻青脸肿，哭着跑回娘家。这位居民一看妹妹被打成这样，火冒三丈，带着两个弟弟又找了几个邻居，骑着车连夜奔向南岭，去找妹妹的婆家出气。谭竹青知道后，一溜小跑奔向男方家去调解，但毕竟是年近六十的人了，跑了一阵就上气不接下气了。眼看着那些骑自行车的小伙子渐渐远去，谭竹青心急如焚，她冒险硬拦住一辆汽车。此时，女方的婆家也料到她娘家人会来报复，便聚集了十几个人准备应战，双方对峙，气氛紧张，周围看热闹的人都吓得回家关了窗门，空气中仿佛充满了火药味，一场流血事件随时都可能一触即发。在这紧要关头，谭竹青赶到了，她大口喘着粗气说："你们这样，是……要负法律责任的！谁要……动手，就先打我……"她手捂着胸口，剧烈地咳嗽着，说不下去了。也许是"心诚则灵"吧，当双方的小伙子知道站在面前的老太婆是专程从十多里地赶来劝架的委主任时，一个个脸红了，纷纷把棍棒扔掉，悄悄地走开了。一场即将发生的悲剧，就这样被谭竹青平息了。

雨中情

★★★★★

2005年5月21日,在世界风景园内,春雨绵绵,百鸟争鸣,许多游人不怕风吹雨淋,在风雨中游览欣赏世界风景园,倒也别有一翻滋味。在游人中,有一位70岁的老奶奶和一位16岁的小姑娘相依为伴,小姑娘左手打着雨伞,右手搀扶着老奶奶,漫步在雨中的风景园中。

这位老人就是谭竹青,身边的小姑娘就是谭竹青为她做代理妈妈的藏莹莹,今天谭竹青带着她的"女儿"来到世界风景园游园。藏莹莹是东站十委社区138组的居民,今年16岁了,家中三口人,妈妈范喜香是小儿麻痹,走路拄双拐;父亲是农村的,没户口,无工作,加上小莹莹上学,生活非常困难。谭竹青看在眼里,记在心里,从1995年起就担起了"代理妈妈"的职责,决心帮助小莹莹完成学业,使家庭脱贫解困。从此谭竹青就承担了小莹莹上学的全部费用,每逢过年过节,都会给她送去节日的用品。又与工商部门联系,免费为小莹莹的母亲开办了一个小食杂店,为小莹莹的父亲藏金海安排在东站物业做锅炉工,每月挣300多元钱,又为他们办取了最低生活保障金,谭竹青的热心帮助,使小莹莹一家走出了困境,生活有了保障。

小莹莹的母亲范喜香因自幼残疾,走路不便,使小莹莹从小就不能像其他孩子那样与爸爸妈妈去游玩,谭竹青就经常带小莹莹去公园游玩,并在活动中使她了解社会、增长课外知识。雨在不停地下着,天有些凉意,小莹莹在谭妈妈身边心里却是暖暖的,她也能像其他孩子那样尽情地玩耍了。在世界风景园,小莹莹观看了著名的美国自由女神雕像、苏联的列宁墓、埃及的金字塔等,每到一个风景区小莹莹都仿佛置身其中。同时,她也在心里暗暗地下定决心,将来一定要好好学习,成为国家栋梁之才,以报答谭妈妈的关爱。

 胜似亲生母亲

★★★★★

副130组徐东升同学的母亲张子华单位效益不好,父亲徐哲打零工,生活时常拮据,谭竹青又为徐东升当了"代理妈妈"。谭竹青三天两头就去徐家看看，问寒问暖，关心徐东升的学习及生活情况，经常给徐东升购买一些学习和生活用品。2004年6月份，徐东升母亲突发脑出血住进了医院，医疗费一下子就花了几万元，对这个本来就贫困的家庭来说，无疑是雪上加霜。当时正赶上徐东升小学升初中，刚刚办理完择校就读的手续，可是为了给母亲治病，只好放弃了到53中学学习的机会，将学费全部退了回来。病中的母亲得知因为自己有病，影响了孩子上学的大事，心如刀割，大家也都为徐东升感到惋惜。陷于这种困境，徐东升本人思想负担也特别重，情绪很是低落。谭竹青得知这一情况后，她便从家里拿出了500元钱，送到徐东升的家里，社区又拿出2000元以解决生活急需。并真诚地安慰孩子不要着急上火，鼓励他树立信心，渡过眼前的困难，上学的事社区为你想办法。几经周折和协调，终于让徐东升免费进入了52中学。一家人感动得热泪盈眶，徐东升同学常对别人说："谭竹青虽然是我的代理妈妈，可她对我胜过了亲生母亲。我能有一个这样的代理妈妈真是太荣幸了。"多年来，谭竹青就是这样情系十委，爱洒社区，社区的事业、下一代的成长，无时无刻不牵挂着她的心。1995年以来，她先后承担了四个孩子的代理妈妈，使他们感受到了阳光般的温暖和人间的真爱。

爱老扶困

为老情

我这病谭主任最清楚

居民董国祥、黄淑英夫妇都已年过七旬,老头是多年的老寒腿,老太太患有严重的肺心症。谭竹青三天两头要去他们家看一看。冬天,她和老伴一起把自己家的煤送到董家,逢年过节总要买点好吃的送去,连二位老人犯病该吃啥药,她都非常清楚。一次,黄淑英犯病,对老伴说:"我这病谭主任最清楚,去问问她吃啥药。"一天深夜,黄淑英的病又犯了,董国祥去找谭竹青,不巧的是谭竹青也正感冒发烧。可她想到黄淑英的病耽误不得,就急忙来到董家,硬挺着把黄淑英送到医院。回来后,她却病倒了。

无儿无女活得更舒心

谭竹青始终把益寿院的老人当成自己的家人、亲人看待，她经常去问寒问暖，关心他们的生活，为他们服务。有一位早年入院的老人，名叫李世财，73岁，无儿无女，老伴早年去世，当他患重病住院时，社区干部轮流去护理。他去世后，都是谭竹青亲自为他买的寿衣，亲手为他穿上，给他剪指甲、洗脸整容，直到把他送到殡仪馆。十委的居民看到这一切，都感动得流下泪来，有的老人感慨地说："看看人家李世财，虽然无儿无女，可人家活得舒心，去世又有委上计生协会为他送行，比咱们儿女双全都强啊。"

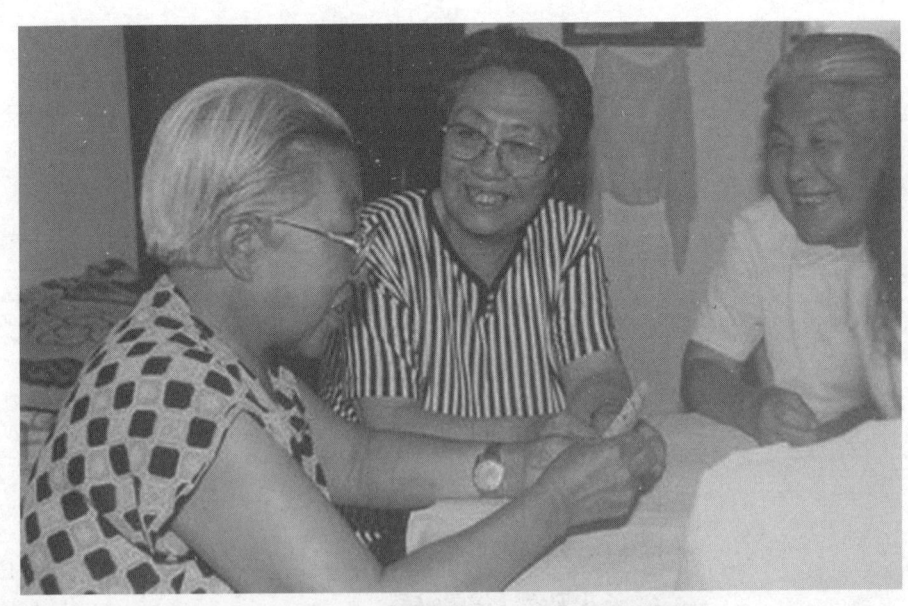

△ 独居老人是谭竹青永远的牵挂

谭妈帮我们走上了富裕路

市水暖器材厂职工林淑芹下岗了。原来仅靠她每个月的工资，抚养尚未成年的孩子，赡养年事已高的公婆。她下岗后，这个家的顶梁柱顿时塌了下来。这时，谭竹青来了。"别急，淑芹，天无绝人之路，厂子不行了，还有委里，你放心，党不会扔下你一家老少五口不管。"这掷地有声的话语，燃起了林淑芹一家生活的希望。林淑芹想进市场出摊床，谭竹青就跑工商局为她办理营业执照；开业资金不足，又积极帮她筹措资金。在谭竹青的亲自操办和帮助下，林淑芹的干鲜调味店开业了。两年下来，净赚了二三万元。现在，她逢人就说："是谭主任使我树立了信心，帮我摆脱了困境，走上了富裕之路啊！"为了让下岗职工掌握一技之长，谭竹青聘请了市内中等专业学校的教师、技师来十委举办美容美发、服装裁剪、家政服务、烹调面案等技术技能培训班，60余名下岗职工参加了培训，充满自信地走上了再就业之路。

下岗女工李玉晶，本人有经营能力，下岗后，谭竹青介绍她参加了居委会里办的美容美发培训班。学成后，在谭竹青的沟通协调下，她在临街处租了一间门市房，办理了工商营业执照，开起了理发店。如今，小店办得红红火火，生意十分兴隆。下岗女工陈艳红和王红，家住八道街小学和东站小学附近，谭竹青就充分利用她们家住学校附近的方便条件，帮她俩成立了小学生上学、放学接送小组，增设小学生午餐小饭桌，既解决了小学生中午就餐难的问题，又解除了学生家长的后顾之忧。

温暖下一代

她直了"歪脖树"

一家医院的病床上躺着一个男青年,在他脸上看不到丝毫痛苦的表情,棱角分明的五官透出一股江湖气。他是因打群架被人用刀扎伤脊梁骨住进医院的。他是东大桥一带有名的"小霸王",经常和社会上不三不四的人混在一起,打起仗来不要命。

护士走进病房,告诉他:"有人看你来了。"他心里一怔:是妈妈吗?不,妈妈早已去世了;是家里其他亲人吗?不可能,家里已郑重"声明"和他断绝了关系;是那些哥们儿吗?不会的,他们是不愿理睬打了"败仗"的"兄弟"的。他怎么也没想到是委主任谭竹青——一个自己瞧不上眼的"芝麻小官",拎着满满一兜子水果、糕点来看望自己。冷却多年的心,第一次感到热乎乎的。谭竹青把水果递到他的手中,用手抚摸着他的头,亲切地说:"要好好养病,想要什么,谭姨帮你买。"第二天,谭竹青又来到医院，带来了许多他爱吃的东西，并耐心地讲述着做人的道理，以一颗充满母爱的心温暖着他。"我可怜你这个从小没娘的孩子，你放心吧，今后你的一切谭姨都包下了。"这个拼命三郎，过去刀扎进肉里两寸深，骨头露在外边都没掉过一滴眼泪，今天却止不住呜呜地哭了起来。他泣不成声地说："谭姨，您的话好像是妈妈对我说的，以后我就叫您妈妈吧，一切听您的。"

这个小青年出院后，谭竹青把他安排到了委办小工厂工作。为了不使"干妈"失望，他不挑工种，干起活来不怕脏不怕累，表现得非常突出。后来，谭竹青又把他推荐到石棉厂当了工人。虽然不能天天见面了，但谭竹青对他的帮助教育却没有放松。每隔三五天，就找他谈心，启发诱导他，使他的步子越迈越正。有一次，一个以前曾帮他打过架的哥们儿找他去助拳，他不但坚决拒绝，还劝那个人以后也不要再干这种事了。这个青年要结婚了，谭竹青从自己家里给他拿了400元钱筹办婚事。这个青年把对谭竹青的感激之情全部倾注在了工作上，成了厂里的生产骨干，并加入了共青团组织，后来又当上了厂房屋维修队队长。

拨亮一盏灯，温暖下代人

过去的老十委是没有犯罪服刑人员的，随着2000年以后划定社区，人口一次性增加了三倍，随之带来了为数不多的犯罪服刑和"两劳释解"人员。对这些人，谭竹青告诫社区干部们不但不要歧视，相反，是全力帮教救助，使他们感受到社会的温暖，无形中也使他们的子女"间接"感受到了人间自有真情在，心灵上受到了教育和触动。释解人员张强，服刑期间住房拆迁，他出狱后找到房地产开发部门，要求住进回迁房。开发商答应可以分配给他新房,但需要交近万元的扩大面积款和入户费,这对张强来说不亚于天文数字,张强干脆破罐子破摔,天天找开发商吵闹,行为过激,并说:"大不了再把我送进去。"社区了解这一情况后,谭竹青亲自找到开发商做动员工作,并为张强做担保人,让他做出还款计划,定期补交房款,使张强住进了新房。张强的孩子把这些看在眼里,记在了心上,受到了教育。释解人员毕振中,出狱后一时找不到工作,生活陷入绝境,情绪波动。社区及时为他一家办理了低保,保证了他一家的基本生活。又与学校联系,为他上初中一年级的孩子减免了学杂费等。毕振中的孩子十分感动,对上门探望的社区干部说:"我一定要好好学习,将来做一个对社会有用的人。"

社区服务的开拓人

★★★★★

谭竹青以服务群众为自己的人生宗旨,以大气魄、大手笔、高起点,使社区服务不断上档次、上水平、日趋完善。

改善居民住房条件。在谭竹青的奔走、协调下,从1996年至今,东站十委安居小区、通安小区、东新小区相继改造竣工,居民由过去居住的低矮棚户房或平房纷纷住上了"三气"大楼,居民称赞:"谭主任办了件改天换地的大事。"

面向社区居民的便民服务形成体系。十几年前,十委社区就实现了居民生活常事的"二十个不出委"和"从小到老一条龙"服务。2001年社区又投资85万元,把原单一的居委会五层大楼改建为集办公、服务、活动为一体的社区

△ 一站式公共事务大厅

△ 谭竹青看望社区幼儿园的孩子们

服务中心。服务中心在一楼设立了便民求助中心,设有经济事务、法律咨询、城建卫生、计生婚育、再就业咨询、家政服务等6个求助窗口,每天24小时向居民开放,服务项目有12大类60余项,把政府经常面向居民的行政事务和居民求助的热点问题集中到求助中心给予办理,实行"一门进出式"便捷服务;6个窗口都设有电脑,使各种信息的收集、传递、发布实现了高科技化、高信息化,使咨询服务更为及时、迅捷、有效。服务中心还分别开辟了老年人活动室、残疾人活动室、图书阅览室、棋类活动室、健身室、台球室、婚育计生服务室、志愿者活动室、多功能活动厅等，无偿向社区居民开放，每天来此活动的居民群众川流不息，便民利民的惠及面和覆盖面达100%。

面向社区老年人、残疾人、少年儿童、贫困户、优抚对象的社会求助和社会福利服务日趋完善。社区办起了益寿院，占地1100平方米，设有25个房间，可接纳80余位老人。除对本社区孤寡老人实行集中供养外，还为社会做出了贡献。住进益寿院的孤寡老人生活有专人照料，衣食住行事事不愁，社区每年春夏还组织春游和消夏活动，

△ 谭竹青与老伴宋国华共同认领的绿地

逢年过节还前去探望,并举办茶话会、节日会餐等;老人们住的每个房间都配有电视机、电风扇,地面铺有地毯,并设有浴池和卫生间,初步实现了宾馆化管理;伙食每餐合理调剂,做到一周每天不重样。社区成立了残疾人康复中心,坚持对残疾人实行8个到位。即:组织领导到位、建档建册到位、关心走访到位、帮助扶持到位、培训教育到位、安排就业到位、跟踪服务到位、社会宣传到位,形成了关心关怀残疾人,帮助扶持残疾人的良好"小气候"区。社区逐年改善社区幼儿园的条件,截止到2005年年末,幼儿园有大、中、小、学前四个班,入托儿童一百余名,园内由专业幼儿教师照顾起居,进行学前教育,还聘请了专家学者,开办了外语、书法、音乐、舞蹈等专业辅导班,对儿童进行特长教育,深受家长欢迎。针对在校青少年课余时间缺少学习场所和活动场所的情况,社区办起了中午小饭桌,解决了小学生午餐问题;社区与学校联合办起了课外辅导班,聘请学校和少年宫的老师进行课外辅导,解除了家长的后顾之忧。

  2003年以来,谭竹青不断加大整治居民生活环境的力度,在她的主持、协调下,一年来,社区铺设柏油马路4条,铺设人行步道方砖50000多延米,建起2个精品绿化景点,种植草坪5000平米,栽种树木10000余棵,花卉30000余株,使社区实现了绿化、美化、彩化。社区实现了垃圾袋装化,日产日清,保持了整洁的社区环境。

建幼儿园拆了自家半间房

★★★★★

上世纪80年代,十委附近还没有一家幼儿园,很多母亲又要送孩子到很远的幼儿园,又要赶着上班,常因挤不上公共汽车急得直哭。谭竹青看在眼里,急在心上。

随着社区经济的不断发展壮大,手里有了点钱的谭竹青决定一定要解决社区孩子入托难的问题。于是她带领大家选园址,请人设计,由于幼儿园的园址就选在了谭竹青家的边上,实地选址测量时,根据图纸的设计,需要拆掉谭竹青家的半间房,大家主张把设计缩小点,谭竹青一家本来住得就很挤,如果再拆掉半间更拥挤不说,住起来也不方便。当时一家五口挤在仅几十平米的平房内,她的儿媳妇也想不通:"哪有拆自家房给公家建幼儿园的呀?"可是一想到由于入托难，扔在家里没人照管的孩子们，她心情沉重，于是谭竹青对大伙说："居民的事是大事，自家的事怎么也好凑合。好不容易盖个幼儿园，不能让孩子们受委屈，就按图纸设计的办吧。"1985年年末幼儿园按原设计建成了长春市第一个委办幼儿园。社区和附近的母亲们不用再为孩子的事发愁了，可谭竹青一家却仅剩下不足10平方米的土坯房，一住就是十多年。

△ 谭竹青与幼儿园的孩子们在一起

未成年人思想道德建设的领路人

为了有效开展好未成年人思想道德建设工作，谭竹青作为社区工作的总指挥，以高度的责任感和事业心，以为成年人思想道德建设教育为己任，保证了未成年人思想道德建设工作在十委的顺利开展。

2005年10月，二道区关工委来社区传达中央中治委《关于加强未成年人思想道德建设》的文件，之后谭竹青说："预防未成年人犯罪工作，不是可做不可做，做好做不好的问题，而是必须去抓、必须做好的工作。大而言之，这一工作关系到国家的命运、民族的未来；小而言之，社区建设要以人为本，青少年既是社区今天的重要成员，又是社区明天的建设者和实践者，关系到社区的未来。所以，抓好青少年教育，预防未成年人犯罪，既是当务之急，又是百年大计，功在当代，利在千秋，必须认真抓好，抓出成效。我还是常说的那句话，这项工作'一点也不能差，差一点也不行'。"谭竹青这种高瞻远瞩的精神和高度认识，使人们的思想认识有了升华，奠定了做好工作的思想基础。这次会议是谭竹青生前主持的最后一次会议。因为当时谭竹青患了感冒，身体状况很差，但她还是坚持参加并主持会议，研究讨论如何创建未成年人零犯罪社区问题。

会议结束后，谭竹青决定立即成立一支由辖区内离退休的老干部、老专家、老战士、老教师、老模范组成

△ 义务网吧巡察队在巡察

的"五老关爱工作团"。"关爱工作团"经常参加活动的达上百人之多,成员遍及社区干部、社区企业、服务业和辖区内企事业单位人员,主体是离退休人员中的老党员、老干部、老模范、老教师、老工人,分为宣传组、活动组、帮教组三个小组,并依据每个人的特长和需要,又组成了一支"八大员队伍"。这"八大员"是:政治教育宣传员、思想道德辅导员、科学知识传播员、法律法规讲解员、家长学校授课员、文体活动组织员、失足青少年帮教员。直到现在为止这"八大员"仍活跃在预防未成年人犯罪工作的第一线,如退休教师、文体活动组织员刘福,积极筹划组织实施青少年书画展、故事会、乒乓球比赛、文艺演出等活动,被青少年称为可亲可敬的"爷爷老师"。退休老干部、法律法规讲解员石正邦经常在夜间巡视网吧,监督网吧守法经营,防止和制止未成年人进入网吧,被称为青少年健康成长的"守护神"。

2005年的暑假期间,社区关工委还与八道小学和108小学共同举办了12项活动,如"三远离",即远离毒品、远离网吧、远离不良嗜好签名承诺活动;"邓爷爷,我们永远热爱您"故事会;"三史"即党史、街史、家史报告会;少年模拟小法庭;青少年乒乓球赛等,每项活动参加的青少年都在百人以上,效果好,影响大。

创业者的贴心人

★★★★★

2004年市、区开展"全民创业"、"创业兴区"活动,谭竹青仿佛又焕发了青春,她组织的"创业在东站"、"创业在社区"活动蓬蓬勃勃地开展起来,一大批创业者和下岗失业人员走上了创业致富之路,不但拓宽了社区便民服务的内容和领域,而且为社区经济发展注入了活力,社区经济持续稳定发展,居民群众安居乐业。

改变观念,答疑解惑的引路人。谭竹青感到,号召全民创业,虽然报纸上登了,电视上播了,会议上讲了,安排部署有了,但就社区而言,对广大居民群众而言,还必须有个引导教育的过程,即如何把党和政府的号召变为社区成员和居民群众的自觉行动,让创业在社区的理念家喻户晓,深入人心。

因此，她从观念解惑入手，力求转变观念，引导居民群众走创业之路。

谭竹青决定分两个层次开展动员发动工作：首先，在已初步创业有成的创业者中，鼓励其扩大经营，扩大规模，发挥带头作用；在下岗失业人员和低保人员中，围绕"怎样不等、不靠、不要"开展讨论，形成"等待就没有出路，创业才能改变人生"的共识，树立正确的择业观。谭竹青接着又在社区印刷厂组织印制了《致社区单位和居民群众的一封信》，并在社区宣传栏出了一期专题介绍，在社区企业和社区市场挂起了通栏标语和字块，在居民居住区贴出了标语口号，让广大群众耳濡目染、切身感受到全民创业、创业在社区的氛围和环境。其次，走家串户，谈心发动。谭竹青组织社区干部和社区志愿者深入居民家中，促膝相谈，对平时掌握和了解有创业和自主择业愿望的重点对象，带领社区干部几进家门，亲切谈心，鼓励他们转变观念，走创业之路。如居民金淑早就有到市场经营的想法，但一直顾虑重重，决心难下。他们在谈心时讲政策、讲前景，鼓励她树立信心，树立勇气，终于使她改变了观念，拿出积蓄闯市场，经过筹备，在社区商场租了摊位，经营朝鲜咸菜，从几个月经营情况看，前景良好。同时注重宣传典型、感染带动，谭竹青组织召开了"创业者谈创业报告会"，请来那些创业有成的人员谈创业经过、创业体会，发挥典型影响、感染和带动的作用，如创办童创幼儿园的吴卉、创办风玲宝幼儿园的赵玉玲，她们的创业历程深深打动了在场的人员,有的表示:人家一个年纪轻轻的女孩子都能干出一番事业来,咱五尺高的汉子再不思进取,再不敢闯出去,太说不过去了。使社区形成了"人人想创业,人人谋创业,人人敢创业,人人会创业"的良好氛围和环境,为创业在社区奠定了坚定的思想基础。

扶持创业者的热心人。思想解决了,氛围环境形成了,不等于工作落实了,这只是迈出了第一步。针对部分人员有创业、择业欲望,但顾虑自己缺乏经营经商经验,缺乏技术技能的实际,谭竹青与市妇联、区就业局、街道劳动保障事务所协调沟通,举办了"家政服务培训班""微机操作初级培训班""中医保健按摩知识讲座""下岗失业人员再就业扶持政策座谈会""劳动用工项目推荐对接洽谈会"等,为有意创业者和下岗失业人员讲解国家为鼓励和扶持创业、择业而提供的各项优惠政策,如何抓住机遇等。如下岗人员常志霞通过培训后眼界大开,信心倍增。她说:"老听说国家对下岗人员创业提供优惠政策,但不知道怎么办理,这下我明白了,我要选准项目,好好干出一番事业来。"说干就干,现在,她办起的文化雪糕店,生意很红火,日营业额在200元左右。除了社区自己举办技术技能培训班外,谭竹青还动员已成功的创业者带徒弟,手把手地传授技术,传授技能。如经营朝鲜族冷面馆的于淑霞,不怕失去"绝活",不怕熏制酱肉、素鸡豆腐等家传手艺流散,亲自向学徒的创业人员讲述配方、配料、操作过程、注意事项等,使创业人员深受感动。经营大宝面食店的董学芹,免费接收了三名有志创业者当学徒,请面案师傅教面点制作技术。短短一个月时间,这三人就完全掌握了技术,做出的面点与师傅相比毫不逊色。特别是在社区市场和网点,他们号召和动员业户一帮一带徒弟,得到了业户的响应,有20余个摊位的业主自觉自愿带起了"创业徒弟",有的已"学徒期满",正拟自主择业。谭竹青还组织开展了"一帮一,同致富"免费培训活动,动员已成功的创业者与有创业意向的下岗失业人员提供帮助,签订"一帮一,同致富"培训合同,实实在在地为创业人员提供帮助和支持。当年仅"老七美容美发发型设计"、"新颜色美容美发店"和社区商场业户就与24名欲创业人员签订了合同并接收这些人员边学边干,实地培训。

创业者的铺路人。谭竹青充分利用和发挥社区有自己的经济实体,联系面广,与各政府部门关系融洽,有一定沟通协调能力等优势,努力为创业者构筑和搭建创业平台,为其提供和创造良好条件,为创业者铺好路、搭好桥。为了给有志创业者提供场地,谭竹青在社区商场重新调整摊位,在商场南侧闲置的区位搭建了10个小屋,虽然每个小屋仅2平方米,但经营一些小项目还绰绰有余。几天的工夫这10个小屋已被创业人员占满,开起了炒菜、烙饼、卖观赏鱼等各类买卖。她又在商场室内,合理利用空间,调整增加了8个摊位,全部租给了新创业者。对那些下岗失业和贫困人员来商场创业的,给予免收、减收摊位费、管理费等优惠条件。如下岗失业人员、残疾人朱春华决定在市场经营豆制品时,商场为其挤出了摊位,并减免其管理费,每月80元,扶持其走上了创业之路。对创业者起步时所涉及的工商、城建、卫生等部门,凡国家政策允许范围内的,他们都为其积极沟通协调,向这些部门介绍创业者的情况,请这些部门为创业者开辟"绿色通道"。对自主创业、自主择业者,谭竹青实行了"五个帮"。这"五个帮"是:项目帮参、场地帮选、资金帮筹、执照帮办、困难帮扶。如刘春后是下岗失业人员,家庭生活十分困难,本人也想重新择业创业,但苦于没有技术。项目难选,缺少资金,无处筹措,性格内向,事情很难办。于是,谭竹青对其实行了"大包",帮助她选好了项目,选好了场地,筹措了资金,办来了执照。目前,她经营的鞋摊生意顺畅,受到顾客的青睐。2004年以来"创业在社区"成果甚丰。社区商场已增加业户26个,摊点和服务网点增加了16个,68名下岗失业人员主动择业,实现了再创业。

她圆了居民的"住房梦"

从前,长春东站十委地处伊通河畔,过去人们叫它"二道洼子"。三条胡同一条街道,清一色的低矮平房,居民的生活环境很差,被人们称为"城市里的村庄"。十委都是土路,晴天一身土,雨天两脚泥。群众抱怨:"泥浆污水无处流,比'龙须沟'还'龙须沟'。"居民住宅多是年久失修的棚户房,生活服务设施十分简陋。为了改变十委面貌,建成一流社区,让居民安居乐业,谭竹青立下志愿:"一定让十委全体居民住上带有'三气'的楼房!"为了改善居民的居住条件,谭竹青多次与有关部门协调,1995年,长春三片棚户区列入试点。这年,十委土地上1.9万平方米的6层住宅楼拔地而起,230户迁入有煤气、暖气、上下水的新居。谁能相信,这次巨变从动迁施工到回迁,施工期仅6个月。"从拆迁公告发布之日起42天,300多户全部拆完。这速度也就是在十委,在谭老太太这儿。"开发商如此感慨。

1996年,十委又开发三栋2.8万平方米的住宅楼,300多户居民入住。就这样,先后分三批共开发棚户区16万平方米,使近4000户居民"像做梦一样住上了'三气'楼房"。

截止到2005年的12月,也就在谭竹青临去世的前几天,最后一户居民也告别平房住进了楼房。社区居民一批接一批地住进了宽敞明亮的社区安居大厦,谭竹青却依然住在不足10平方米的低矮平房里,并且一住就是十多年。1996年,她跟随安居小区最后一批拆迁户搬进了普通的两居室。直到去世,她一直住在这里,屋里摆的是旧家具、旧沙发、旧电视,没有高档电器和生活用品。

△ 三条胡同一条街土质的路面

创建居民自己的节日"邻居节"

邻里互助是建设和谐社区的内在要求。谭竹青致力于化解邻里纠纷,搭建邻里相知、沟通、交流的平台,使居民感受到社区这个大家庭的温暖。搬进新楼后,原来的老邻居大多不在一个楼,其余的都是新住户。过去住平房时,左邻右舍十分熟悉,关系也十分融洽,谁家有个大事小情,打个招呼就帮你办了。可如今住上楼了,再加上都是新住户,彼此间不认识,好点的见个面点点头打个招呼,性格内向不喜交往的与邻居形同路人,有点过去所说的"鸡犬相闻,老死不相往来"的味道。为了改变邻里间楼上楼下、门对门不相识的现象,谭竹青决定首先在通安小区8号楼试点,组织创建了社区自己的节日——邻居节。2004年9月26日,首届邻居节开幕了。据说,当时在长春市是第一家。这一天,真像过节一样,家家户户有的拿来桌椅板凳,有的拿来锅碗瓢盆,每户做了两个拿手好菜,社区送来了葡萄酒,瑞星物业送来了饮料,全楼男女老少、邻居好友围坐在一起喝酒吃菜,高谈阔论,一派其乐融融的景象。通过表演节目、吃"百家宴",增进了邻里关系和谐,搭建了邻里互助的平台。使居民们感到更加欣慰的是,通过邻居节这种形式,真正起到了沟通、友善、团结、助人为乐的作用,全楼居民互相熟悉,互相关心,互相帮助成为常事,形成了和谐邻里的环境和氛围。如住在3门201室的赵大娘,儿女住得远,她一个人生活,住在同门503室的闫丽春每天早5点给赵大娘打牛奶,坚持好多年了。住在3门302室的退休工人赵玉昆,做了十几个小板凳,让人们在缓台上唠嗑时坐;他

△ 社区居民在跳扇子舞

△ 付岐增在帮助领导郭凤芝修理家中的自行车

还会修自行车，谁家的自行车出了毛病，只要招呼一声，老赵就拿出工具修理，不要任何报酬。有人过意不去要给钱时，老赵立刻正色说："要是图钱，我就不干这个了。"住在2门201室的齐宝贵，每当搞活动时，他都主动提出供应电，不要一分钱。

创业致富不忘回报社会的董学芹

★★★★★

走进东站十委社区市场,"大宝面店"几个醒目的大字招牌立刻吸引了你的目光。这个面食店,就是十委社区计生协会会员董学芹的事业。董学芹自己没参加过工作,爱人原是长春自行车厂工人,1997年下岗待业。应该说是党的富民政策和生活的需要使她选择了自主择业、艰苦创业之路。现在,虽然她家还没走向大富大贵,但基本上无衣食之忧,在脱贫致富奔小康的路上迈出了坚定的步子。1997年前,她爱人没下岗时,虽然只挣六七百元,一家三口生活困难一些,但总算可以维持。这一下岗断了生活来源,使本来不富裕的生活变得更加拮据。正当她一筹莫展的时候,老主任谭竹青找上门来,表示可以在东安市场给她辟一个摊位,并在税收管理等方面提供一些优惠和便利。鼓励董学芹自主择业,以诚实劳动创造新生活。谭竹青的关心和支持鼓起了她的决心。豁出去了,干!选择什么项目呢?经过一番考察,她决定卖炸鸡骨架,因为这个项目投资相对较小，但见效快。没有垫底钱，谭竹青又帮她筹措资金，她用这笔钱买来炸锅、烤箱等设备，进了原材料，开始了创业之路，都说做买卖苦，她是深有体会。夏日酷暑，头顶着火辣辣的太阳，下面油锅翻滚热浪扑面，再加上忙忙碌碌，脸上和身上的汗水没有干的时候；冬天天寒地冻，整天站在外面，穿多少也不顶用，真是火烤胸前暖，风吹背后寒，她冻疮的毛病就是那时候留下的。但话又说回来，没有天上掉馅饼的事，不吃苦、不奋斗能有事业成功的吗？就这样，虽然苦点累点，但每天的收入还可以，一二年下来不但还清了外债，自己也稍稍有点积蓄了，家庭生活也有了很大改观。她们想扩大品种、扩大经营时，天有不测风云。2000年年末，取缔马路市场，退路进室，董学芹炸鸡骨架这个买卖自然也在其中，正当她一筹莫展，寻找其他门路时，又是谭主任为她出谋划策，鼓励她转项经营，接着干下去。谭竹青鼓励她说："进市场经营吧，费用问题可以考虑给你减免点，手续我们给你办。"经过一番考察，董学芹办了个切面加工点，雇不起工人她们两口子自己干，到底是小本生意，加工一斤切面就能挣个两三角钱。但不管怎么说，家庭生活可以维持，更值得的是磨炼了他们的意志，坚定了他们的信心，这是金钱所买不到的。坚持做了一年多后，经过市场调查和积累了经验，她决定彻底转项，干面食店，做大做强生意。在社区支持下，她在十委商场租了几节柜台，招用了五名工人，没有技术去外地学习，"大宝面店"终于开张了。为保证质量，让顾客买得放心，吃得舒心，她坚持不卖隔夜货，不卖生冷货，有时剩下一点货，免费处理给服务员也不混在新货中，从而赢得了顾客的信任，回头客、固定客越来越多。为了增加品种，她四处学艺，新品种源源不断摆上柜台，每天花样翻新；在管理上她要求微笑服务，热情待客，童叟无欺，诚信诚实。就这样，以质量取胜，以信誉立足，如今她的面食店顾客盈门，月纯赢利2000元左右。

谈到以后的打算，董学芹充满信心地说：在创业的路上，她仅仅是迈出了一小步，但她认准了辛勤耕耘，就会有回报，不怕挫折，不怕坎坷，敢创业，坚持创业，才能闯出属于自己的一片天地。董学芹也常常说："我现在生活富裕了，但我不能忘记老主任对我的帮助，人得懂得感恩，懂得回报。"她主动承担了做辖区两个贫困孩子的"代理妈妈"，承诺直到他们完成学业。

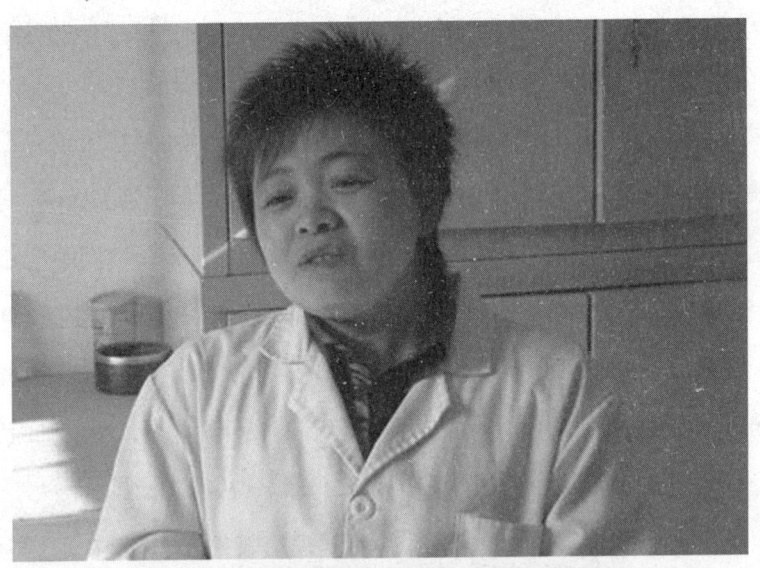

△ 董学芹在回忆谭竹青当年帮助她的情景

小咸菜香飘四季

★★★★★

2001年,金淑从长春市第二面粉厂下岗了。工作和生活角色的转变使她一时转不过弯来,总不能从此消沉,靠失业金生活吧。恰在这时,在一次党员学习会上,谭竹青和金淑谈心,引导她办个小买卖。十委市场还可以给她挤出个地方,执照可以帮助办理。项目嘛,因为金淑是朝鲜族人,会做朝鲜族咸菜,就干这个。在谭竹青的鼓励和支持下,金淑下定了决心,仅经过一周的筹备,她的朝鲜族咸菜摊就开张了。由于她注意增加品种,保证质量,热情服务,半年下来,买卖红红火火,生意兴旺,成为成功创业者中的一员。

随着我国经济体制改革的不断深入,下岗失业人员不断增加,下岗失业人员中一部分人重新找工作比较困难,导致家庭生活异常艰难,由此就会带来一些影响社区不稳定的因素。金淑作为下岗失业后创业的一名党员,深有体会。因此,她响应社区开展"一帮一,同致富"的号召,加入了社区创业者协会,开展"一帮一,同致富"活动,把下岗失业人员的困难当作自己的困难,把解决他们的问题当作自己应负的责任,努力掌握部分下岗失业人员情况,经常了解商场内各业户的用工信息,介绍安排下岗失业人员工作5人次,有的业户开玩笑地说金淑是"人贩子"。

经过几年的努力,随着金淑经营的不断扩大,劳动强度的提高,她先后聘用下岗失业人员7人次,解决了这些人的部分困难。在用人时,做到平等相待,互相尊重,互相理解,不歧视,互相帮助,互相信任,强化技能训练和职业道德教育,使他们实现自己的价值,更好地为社区居民服务。在员工的待遇上坚持按劳、按效益分配的原则,按时发放工资,从不拖欠和扣发工资,而且遇到重大节日给员工买东西或发放奖金,劳动量增加适当增发工资。社区有一位下岗失业人员叫王岭,下岗后在家待了好几年,因疾病缠身连下地都比较困难,所以家庭生产很是艰难。2001年他爱人在咸菜摊床给人打工,王岭在家就尽量做一些力所能及的家务,帮他爱人撕桔梗,慢慢地他的身体也有所好转,他爱人看到这一情景,高兴之余就产生了自己创业的念头,与王岭商量也做咸菜生意。于是她把自己的想法告诉了金淑,企盼她的理解和支持,恳求金淑教她做朝鲜族咸菜的技术。一开始,金淑感到惊讶和不快,这因为是她所招服务员中第二个跳槽的做咸菜的,也是自己培养出来的第二个竞争对手,怎么再教技术培养壮大自己的竞争对手呢?但金淑想到自己是一名共产党员,怎么能为一点私利而放弃一个共产党员的宗旨呢?她觉得自己有义务帮助困难的群众走出困境,早日脱贫。因此,金淑和爱人商量后决定教他们做咸菜的技术,之后又教他们销售经验,在他们的咸菜摊开张后,金淑又多次去看望他们,在金淑的耐心传授下,他们的咸菜摊越来越红火,都能与真子咸菜抗衡了,使他们一家不仅摆脱了困境,还走上了脱贫致富的道路。

为创和谐社区做出了自己的贡献,金淑说:"我能有今天因为谭姨,在经营中用高标准要求自己,必须搞好优质服务,文明经商,搞好饮食卫生,避免与顾客发生纠纷,还要像谭姨那样,注意观察周围发生的大事小情,如发现哪家业户与顾客发生纠纷或摩擦,我也要不顾自身的安危,过去调解,及时化解各种矛盾纠纷。"

如今,金淑的小咸菜摊早已名声在外,营业额逐年上升,月纯收入达2000元以上。回顾自己的创业历程,金淑深有感触地说:"是党的政策,是谭姨的扶持,我才能走到今天。作为一名党员,我在带头创业的同时,还要帮助其他下岗失业人员创业,走共同富裕之路,这是我的信念。"

三件棉袄 一单工资清单

★★★★★

谭竹青这一生给国家创造了几百万的利税,但个人在物质生活方面却非常俭朴,即便是过年过节她也舍不得给自己做件新衣裳。在谭竹青的家中有三件棉袄：一件是黑地白花的对襟棉袄，上面因年头久了零星破着一些小洞，这件棉袄陪伴谭竹青从上个世纪60年代直到70年代；一件深紫色按扣棉袄，两个袖口处都打了补丁，它陪伴谭竹青从上个世纪70年代直到80年代；一件紫红色的唐装棉袄，这是上个世纪80年代末女儿给她做的，这件棉袄一直陪伴她到去世。

在社区财务室有一张谭竹青的工资清单：1981—1989年，每月工资20元至30元；1990—1995年，每月工资120元至150元；1996—2003年，每月工资300元至350元；2004—2005年，每月工资890元。

1983年以来，街道党工委曾先后几次准备给谭竹青晋级，但都被她婉言谢绝。1995年，按照街道办事处经济承包合同等规定，谭竹青应得奖金15万元，可这钱她一分没要，全部用在发展社区经济和帮扶社区贫困户、孤老残及军烈属上。1996年，有关部门组织劳模出国考察，每人需交3万元。这对许多人来说是个梦寐以求的好机会，可谭竹青却主动放弃了这个好机会，她说："社区的事处处都需花钱，我不出国就能把省下的钱用在社区发展上。"她把省下来的钱让社区干部到外省的发达社区参观学习和发展社区绿化。

一次，谭竹青带社区干部赵惠君去北京开会，她舍不得吃火车上的盒饭，让赵惠君提前买了几块蛋糕。吃饭时，赵惠君看到蛋糕已经起了斑点，她怕老人吃出毛病，坚决要扔掉，谭竹青急了，边数落着赵惠君边掰掉蛋糕的表皮，就着白开水吃了下去。

对于自己的事，谭竹青一向很抠门儿，可每当困难居民求助时，出手却相当大方。据不完全统计，她自己掏腰包捐助困难户的钱就达万元之多。

责任重于生命

居委会主任算啥官?既不入流,也没啥权,可谭竹青却不这么看。她有几次机会当干部,都放弃了。她常说,党组织信任我,居民们选了我,我看中的就是这,我要尽职尽责为大伙办事,决不能糊弄。

谭竹青把责任看得比生命还重,对她来说,社区居民都是她的亲人,不论长幼,不分贫贱,家长里短,大事小情,只要她知道了都要一管到底。她那旺盛的责任感如日日喷涌的甘泉,注而不懈。即使在弥留之际,她的心仍然惦记着工作。她对守在床边的社区居委会副主任赵惠君说:"咱们住在监护室干啥?要个单间,你们好给我汇报工作,我也说说想法。"

多家媒体大量报道了谭竹青的不凡业绩。她身边人们记忆深处也不断浮出点滴印象,依然魅力无穷。

原二道区民政局长梁翠霞上任伊始就遇到一件棘手的事。一位伤残老兵孤身一人,脾气暴躁,从不把别人放在眼里。因为做小买卖赔了本，窝火憋气，看啥都不顺眼。民政部门将他安顿在老年公寓，他经常违反制度，与人冲突。换了一家老年公寓，因旧习不改，又被退回民政局。最后，梁翠霞找到谭竹青，谭竹青没说二话，留下了"老兵"，让他住进了东站十委社区益寿院。然而，曾经发生的"故事"又要发生了，"老兵"说打就打，想闹就闹。院民有意见，院长要退人。谭竹青知道后，给了院长一句话："你要是退了他，我就撤了你！"她逐个做院民的思想工作，然后又亲自找"老兵"谈心。在益寿院专门召开的院民大会上，她动员院民们检讨态度，也向"老兵"提出中肯的希望。会上谭竹青深情地说："'老兵'年轻时扛枪打仗负过伤，是我们共和国的功臣，我们不爱谁爱，我们不管谁管？"话没说完，"老兵"潸然泪下，猛地站起身说："谭主任你别说了，我错了，以后我再对不住您和老哥老姐们我就不是人！"梁翠霞感叹说："谭竹青就是这样一位胸怀大局、高度负责的人。"

益寿院先后收养了社区内外的100多位老人，全年包吃住每人每月仅收费350元。85岁的邢淑凤老人不是十委居民，多年前住进益寿院，就再也不愿离开。她说："我拿全额低保，侄子侄女给上100多元，就够交入住费了。谭书记从不小瞧穷人。走在路上，看见我，就伸出手。她去世前一个月，还来问长问短的。"别看益寿院收费不高，可老人们的伙食标准却不低，荤素搭配，保证营养。原因是他们精打细算。有一年，谭竹青在经济开发区联系了一块荒地，带领社区干部们在那里种上六七样蔬菜，益寿院一年没买菜。后来荒地盖了楼，益寿院要买菜，经费不那么充裕了，有人建议提高收费标准。谭竹青不同意："收高了，那些低收入老人住不起院，他们的养老怎么解决呢？"说起这件事，许多人感叹："如果所有的老龄工作者、社区工作者都能这样想问题、办事业，那么,国家尚未富裕便提前到来的老龄化难题就比较容易解决了!"

上个世纪七八十年代,东站十委有一批农村媳妇。她们人嫁进城,户口进不了城,生下孩子,户口随妈落在农村。那时,买粮要证,买油买糖凭票,没有户口,啥也买不成。农村媳妇只好回娘家背玉米、土豆,有人一冬天吃两麻袋土豆,至今看见土豆就犯晕。谭竹青把这事记在心上,一方面向有关部门反映,为农村媳妇们陆续办理了农转非、进省城的户口。另一方面动员收入较高,不买或买不完粮店平价米的居民将粮证串换给这些缺粮户。当年办了农转非的刘秀华说:"谭姨就像我们的大家长,给我们办这么大的事,什么答谢也不要。"

刘艳秋是回乡知青,一人带着一双儿女。因为在十委买了一间无照小平房,成了十委人。拆迁时她面临无处可住的困境。谭竹青派去查看的人汇报:刘家中只剩下2斤米,娘儿仨用盐水大葱下饭,窗户上摆一溜儿空点滴瓶,床上棉絮无里无面……谭竹青听完,决定立即救济刘艳秋100斤米面、10斤油,还送上益寿院腌的咸菜。从此刘艳秋成为十委的扶助对象。回迁时,谭竹青协调开发商让利,让刘家免费入住两居室楼房。许多困难群众对东站十委社区的感情如鱼儿离不开水:"我不能离开十委,在十委有了困难,处处有人照顾。这种温暖,只有在十委能享受到。"

➡ 权为民所用

★★★★★

曾有人感动,也有人不可思议:"谭竹青这个老太太,能力特大,她能办农转非进城,能从局子里捞人,能让房地产开发商让利,都一点不用花钱,她凭什么呀?"知情人说,在居委会主任这个官不入序列的位置上,谭竹青诠释了"权为民所用"。

曾在东站派出所任职的长春市民政局副局长肖方中、长春市公安局刑警队政委崔小光、二道区公安分局治安科教导员李永平概括了6个字:权力回归本质!他们说:"谭竹青请求或者建议职能部门办的事,均属扶贫济困,没有一件是为她自己和自己家亲属。办理了她托付的事,群众满意,又增强党和政府的威信,理应一路绿灯。上个世纪七八十年代,买什么都要票,逢年过节发票时,委上有一点富裕,她全部送给困难群体。谁家最难,最没招儿,她就帮谁。回头看,这就是以人为本,关心弱势群体。还有她早就抓挽救教育失足青少年工作，现在叫社区矫正。看来中央许多精神和做法就是从谭竹青这样的社区工作者的成功实践中总结出来的。"

在谭竹青看来，权力有两种属性，第一是用来为人民办事的；第二是不能用为牟取私利的。她的权力观形成了特殊的非权力性影响力，善于使用这种影响力，就能为群众带来福音，为社会创造和谐。

崔小光回忆，他1987年从刑警队调到十委，习惯"带问题"看人，摆脱不了居高临下的办事方式，与老百姓拉开了距离。有一次他收治安费，居民很不配合。谭竹青听说后告诉他，潜意识中不能有特权思想，不能拿警察身份压人，你以服务的心态对待群众，群众就会积极配合你的工作。一席话点醒梦中人，此后崔小光逐渐把服务与管理的关系理清了，只要他一招呼，居民就帮忙。他任职4年间，实现了无违法犯罪、无刑事案件、无火灾事故的"三无社区"。上级要求社区建立《户籍基础材料》，在居民的密切配合下，他仅用一周时间就完成了这套完善的材料。

李永平在东站派出所工作了10年，几乎每个年三十晚上都是在派出所度过的，也是吃着谭姨包的饺子度过的。他说："1994年，长春市开始禁放烟花，谭姨带着委里的老主任和我们一起顶风冒雪在社区巡逻。60多岁的老人，一遍一遍地向居民做宣传。当时气温零下20多度，我的手脚都冻麻了，几次催她回去，她就是不肯，硬是和我们一起走了两个多小时。居民家长和孩子看到冰天雪地中的谭竹青，都非常心疼，一再向她表示决不违规，不给公安添麻烦。谭姨维护老百姓利益，也一心替公安着想。居民稳定，治安也稳定；社会稳定，派出所也省心。有这样的社区，我们派出所也光彩。"

谭竹青少女时父母双亡,她带着小她7岁的弟弟谭志强一起生活。当时有一户比较富裕的人家提出收留谭竹青,但却嫌弃谭志强年龄太小不能干活,不能一起留下,于是,谭竹青拉扯弟弟开始了流浪的生涯。后来,又一起冲出围困长春的"卡子",投奔了解放区。姐弟情深,然而,谭竹青却从不因此为弟弟用过一次权力。谭志强一家感叹:"想借她个光,想都别想。"谭志强一家住平房时非常拥挤,可谭竹青帮这个帮那个,就是没张口帮他要房。以后安居工程整体拆迁,谭竹青协调开发商免去困难户的费用,但对生活不富裕、没有能力购买房屋所有权的弟弟一家,她没提一个字,没免一分钱。

谭竹青与老伴宋国华结婚时,宋国华前妻留下了一双儿女,为了给孩子一个完整的家和全部的母爱,谭竹青一生没有生育过,对待这双儿女视如己出,疼爱备至。尽管如此,谭竹青也从没让他们从自己的权力中获得过任何特别待遇。同为知青下乡,居民刘小香与当地农民续约,两人因病无法干农活,谭竹青了解情况后,当即派社区副主任赵惠君多方奔走,将刘家户口转回十委。而谭竹青的儿子下乡后十几年在农村,直到返城政策出台后,才回城工作。以谭竹青的能力,为他争取一间住房不是难事,可她却只帮着借了一间私人的小房,鼓励儿子克服困难,自强自立。后来儿子在工厂多次被评为标兵,并从工人提拔为工会干部。儿女都说:"妈妈教了我们如何做人。"谭竹青逝世后,她的一双儿女决定将非亲生一事公布于众,觉得这样才对得起谭竹青,对谭竹青这一生才公平。

与谭竹青共同走过的日子

→ 为社区和谐奋斗终生的好书记、好主任

★★★★★

原东站街道党工委书记　史延文

我和谭竹青共事多年,在我心中,她是一位为党和政府分忧、为居民群众解难、为社区和谐奋斗终生的好书记、好主任。

谭竹青1931年出生,1975年加入中国共产党。从1957年起担任长春市二道区东站十委居委会主任和党组织书记,一干就是48年。48年来,谭竹青牢记党的宗旨,情系社区,心系居民,用一桩桩、一件件的实事好事破解居民的生活难题,用至爱和心血营造了社区的和谐,用实实在在的行动实践了"三个代表"重要思想,体现了共产党员的先进性,赢得了广大居民的衷心爱戴,被亲切地称为"小巷总理"。

谭竹青一生获得全国和省、市、区各种荣誉170余项,其中国家颁发的就有15项,比如全国优秀党务工

作者、全国优秀社区居委会主任、全国劳动模范、全国"三八"红旗手,等等。但她从不居功自傲,从不被荣誉所累。几十年如一日,呕心沥血,鞠躬尽瘁,充实地走完了74年平凡而壮丽的人生。

　　谭竹青工作的东站十委,是长春市有名的"棚户区",俗称"二道洼子",就是到了上个世纪七八十年代,居民的生活环境仍然很差,一片低矮小平房,三条胡同一条街,晴天一身土,雨天两脚泥。居民中有固定工作、固定收入的不多,很难找出个科级干部,衣食住行啥事都难。90年代初,眼看城区其他地方新楼拔地而起,谭竹青非常着急,对几位工作人员说:"组织上把咱们放在这个位置,咱们就得想办法让居民住上楼房。"她开始积极呼吁,多方奔走,上下协调,甚至晚上找到市长家门口,向市长汇报。终于在1995年,十委被列入长春市棚户区改造试点。这个消息令居委会成员很兴奋,大家开始跑东跑西联系开发商。最初,因几个开发商都觉得开发十委这地方不赚钱而没有谈成。有的甚至对谭竹青说:"谭主任,我宁可送你点钱,也不在十委建房。"谭竹青不灰心,继续一次次上门沟通,总算打动了一家开发商,但人家对拆迁问题表示担忧。谭竹青拍拍胸脯,打保票说:"动员居民搬迁的事,包在我身上了。"一下子涉及到几百户人家搬迁不是件容易事,特别是十委住的大都是困难户。谭竹青和同事们挨家挨户做起了工作,帮那些一时借不到、租不起房的居民找住处。有的住户说啥也不想搬,谭竹青亲自上门,反复做工作,真是跑断了腿,磨破了嘴,嗓子都急哑了。就这样,从拆迁公告发布之日起,仅用了42天就把300多户房子全拆完了。开发商感慨地说:"这速度,也就是在十委,在谭老太太那儿能有!"回迁对绝大多数居民是大喜事,可对少数特困户却是喜忧交加。谭竹青又为那些实在住不起新楼的困难户出主意、想办法,帮他们调换房子,还协调开发商为特困户减免了部分费用。当年年底,所有的一期拆迁户全都搬进了新居。这在当时,10年前的长春,实在是一个不小的奇迹。到2005年11月30日,也就是谭竹青去世的前三天,东站十委第三期的最后一个回迁户住进了新楼房。至此,谭竹青分三批共开发棚户区16万平方米,使3800多户居民都住上了设施齐全的新楼房。如今,十委社区一幢幢住宅楼整齐有序,春夏季节绿树成荫,街路两旁商铺林立,一派现代文明社区的景象。

谭竹青在从事居委会工作中始终认为,要想让居民生活安定,就必须让居民有事可做,有钱可挣;居委会自身也要挣些钱,才有能力为居民办好事。80年代初,谭竹青

△ 十委社区最早创办的小吃部

就开始创办委办经济,最早兴办起的是小吃部。当时没有资金,谭竹青就和老伴商量,把自己家仅有的450元钱拿了出来。班子成员看主任带了头也把自己家的积蓄拿出来,甚至有的把给儿子办喜事、买家电的钱都掏了出来。为了省点钱,谭竹青带着大家四处捡砖头,光脚脱土坯,下河挖沙子,到拆房工地请求人家支援一些旧材料。谭竹青从自家搬来了锅、碗、瓢、盆,每天早晨两三点钟起床,和大家一起和面、磨豆子,6点多钟就在路口摆摊儿卖早点。白天又抽空来和大家一起炒菜、做饭,把小吃部办得红红火火。接着,十委又办起了麻花作坊、鞋厂、皮革厂、服装厂、装潢公司、汽车修配厂……现在,东站十委共有委属企业17个,年产值达2000万元,年创利税60多万元,累计向国家上缴税金680万元。社区经济的发展促进了十委各项公益事业的发展。1985年,他们办起了幼儿园;1987年,又办起了长春市第一家社区敬老院;1996年盖起了1780平方米的社区综合服务大楼,建起了3500平方米的社区综合市场。到2004年底,在解决了居民许多生活难题的同时,帮助1020名下岗职工实现了再就业,使东站十委成为有下岗无失业的"全就业社区"。这在我们老工业基地长春,在国有企业相对集中的二道区,可以说又是一个奇迹。

对谭竹青来说,社区居民都是她的亲人,谁家有了难处她都管;特别是对那些困难家庭,更是一管到底。2004年冬天,我在十委碰到低保户徐哲,他一见到我就说:"史书记,谭姨这一年就给我家办了四件事,件件都是我这辈子想都不敢想的大事。"原来,徐哲夫妇下岗在家,日子过得很艰难,谭竹青为他妻子安排了工作。一家人生活刚刚有起

△ 室内综合服务商场

色，徐哲的妻子突患脑溢血住进了医院，需一大笔医疗费做开颅手术，把徐哲急得团团转。谭竹青听说后，马上研究，派人到医院给徐哲送去5000元钱，帮他渡过了难关。谭竹青又亲自出面，把徐哲小学毕业的儿子送进区重点中学读书，还帮他家办了低保。徐哲一家原来住的是29平方米的小平房，用炉子做饭取暖，没有下水和室内厕所，妻子瘫痪后很不方便，谭竹青一次次找开发商商量，没用徐哲花一分钱便调换了一处有上下水、室内厕所、集中供热的50平方米住房。说到这些事情，徐哲眼里噙满了泪水："谭姨和我一不沾亲，二不带故，帮我做了这么多事，我真是不知怎样感谢才好啊！"

在东站十委社区，大人、孩子都知道"有难题，找谭姨"。谁也记不清谭竹青为大家解了多少难题，办了多少实事。无论在计划经济时期，还是在市场经济体制条件下，谭竹青以少见的善良之心和母爱情怀，把阳光捧给每一个需要温暖的居民。

上个世纪70年代，受社会不良风气影响，二道区的一些小青年打群架成风。东站十委也有这样一伙人，不务正业，打架斗殴。有人说，他们是"歪脖树"，家庭、学校都没招，居委会更没法"直"他们。谭竹青却说："这些孩子能学坏，也能变好，就看我们的工作做没做到家，工作做到家，'歪脖树'也能'直'过来！"居委会里有个小青年叫屈刚，母亲去世早，父亲也不怎么管，便与社会上不三不四的人混在了一起，经常惹是生非，成了有名的"小霸王"。有一次，他和别人打架被砍伤住进了医院，护士告诉他"有人来看你了"。屈刚心想，老妈早没了，老爹也和自己断绝了关系，谁还能来看我呢？一定是那些够意思的哥们儿吧。没想到，推门进来的却是面带笑容的谭竹青，还提着水果糕点。谭竹青摸着他的头说："放心吧，今后你的事，谭姨都包下了……"一番话打动了屈刚的心，这个从小失去母爱，刀子捅到身上都不皱眉头的小伙子抱着谭竹青痛哭起来。屈刚出院后，谭竹青把他安排在委办工厂工作，还给他介绍了对象。屈刚结婚没有钱，虽然当时谭竹青每月才20元补贴，还是从家里给屈刚拿了400元钱，帮他操办了婚事。屈刚深受感动，多次表示要改过自新。屈刚真的进步了，加入了共青团，当上了维修队长，还被评为单位的先进工作者。

近些年，十委社区附近的网吧问题成了家长们的一块心病，弄得不少中小学生课也不上，家也不回。家长因去网吧找孩子，经常和网吧业主发生矛盾。谭竹青看在眼里，急在心上，经社区代表大会和居民议事会认真研究，组织成立了社区退休老同志义务监督队，轮流值班，日夜巡查，发现哪家网吧容留未成年人上网，就及时报告有关部门前来处理。

她还亲自找网吧业主们谈话，言明利害关系，敦促他们守法经营。业主们对谭竹青既佩服又敬畏，都自觉配合。孩子们不去网吧了，家长们心病也去了，都夸谭主任想得好，做得好。

谭竹青既关心青少年的健康成长，又热心邻里关系的调解，而且是化解矛盾的高手。在她面前，无论怎样难断的家务事，她都能理清头绪；无论多么棘手的"邻里官司"，她都能"化干戈为玉帛"。一天晚上，十委一家居民的女儿，被婆家打得鼻青脸肿跑回了娘家，她哥哥怒不可遏，叫上几个人去找妹妹的婆家算账。这时，婆家那边也邀集了十几人"应战"，看热闹的人都吓跑了，一场恶斗眼看就要发生。这时，谭竹青气喘吁吁地赶来了，她往这伙人中间一横，大声说："打伤人是要负法律责任的！谁要动手，就先打我！"双方被这突然出现的老太太给"镇"住了。当他们知道老太太是从10里外专门赶来劝架的居委会主任时，一个个扔掉棍棒走了。多年来，谭竹青调处纠纷上千起，帮教成功的青少年30多名。早在上世纪80年代，十委社区就实现了中小学生无流失、待业青年无闲散、青少年无犯罪的"三无"目标。

如今的十委社区，已经形成了特有的文明风气，家家以和睦为荣，邻里相敬相助。他们创办的"邻居节"已举办多次，几十户老邻旧居凑在一起，或聚餐，或演唱，场面热烈，其情融融。多次被长春市评为"文明示范社区"、"魅力社区"，被吉林省评为"精品社区"。

在这里，我还要特别提到一件事，作为一名居委会主任，谭竹青的收入并不高，仅仅是从最初的几十元到最后几百元的生活补贴。近几十年来，谭竹青为发展委办经济做出了重大贡献，她亲手创办的企业就有十几个。按照当时街道的奖励政策,谭竹青应得奖金15万元。可她分文未取,全都用于发展社区事业和救济困难户了。这就是我所认识的谭竹青,一位平凡的社区工作者,一位身居小巷、恪尽职守、情暖千家、构建和谐的时代楷模。

姥姥留给了我最宝贵的精神财富

原长春市第一外国语中学教师、谭竹青外孙女 李岩

我是谭竹青的外孙女,从小就和姥姥在一起生活。姥姥很疼我,我更爱我的姥姥。虽然姥姥已经离开了我,但我的内心深处一直沐浴在姥姥精神和人格的阳光里,只要一闭上眼睛,我就能感觉到姥姥又回到我的身边,抚摸着我的头,拉着我的手,亲切地和我说话……

回想起小时候,我们家就是姥姥的办公室,姥姥每天进进出出,总有忙不完的事情。那时候,来找姥姥帮忙的人很多。有时姥姥刚下班回家还没有来得及歇口

气，就有人来找她解决困难；有时姥姥刚拿起筷子还没来得及吃饭，就有人来找她反映问题；有时姥姥半夜三更正在熟睡中，就有人敲门找她调解纠纷……对来找她帮忙的人，姥姥从不嫌烦，从不推诿，总是热情和蔼地接待，没有半句怨言。那时候我还小，不懂事，看见姥姥没白天没黑夜地为人办事，就问："姥姥，为什么这么晚了你还要去，明天去不行吗？"姥姥笑着说："孩子，你还小，不懂，这就是我的工作。人家这个时候来找我，肯定是有急事，我能不去吗？"姥姥就是这样，把社区工作，把为社区居民排忧解难当作一件幸福的事。为了群众少一分忧愁多一点快乐，她宁可少休息、不休息。时间长了，我们全家都能理解她，也习惯了。记得有一次，姥姥常年照顾的86岁的王奶奶突然生病，老人的邻居来找。当时姥姥正感冒，发着烧，打着吊瓶。我心疼姥姥，劝她别去了，可姥姥说："我生病了还有你们照顾，你王奶奶现在病着，身边连个人都没有，我得去看看！"说完，拔下吊针就走了。

天下的父母都爱自己的孩子，姥姥也一样，非常疼爱自己的儿女。但她的爱是一种纯洁的爱、高尚的爱，爱得无私、爱得深沉。1963年，我大舅响应知识青年上山下乡的号召，到农村插队，条件很艰苦。那时姥姥可以想办法把我大舅早一点调回来，但她没有那样做。直到十几年后，落实知识青年返城政策，大舅才回到城里工作。大舅回城后，姥姥给他借了一间小房子住。姥姥曾经帮那么多社区居民解决了住房、就业问题，想为大舅解决个住房是不难的，但姥姥依然没有那么做，而是教育大舅要肯吃苦、能吃苦，不能有事就求人。在姥姥的影响下，大舅工作很努力,多次被评为先进工作者。姥姥临终前,拉着大舅的手说:"儿子,委屈你了!妈平时总说你,也没能让你沾上什么光,我这也是为你好,你就不要怪妈了。"说着,眼泪就流了出来。

姥姥对我的要求也很严。记得小时候我学电子琴,越学越感到枯燥,就不想练了。看我泄气,姥姥就劝我说:"你现在是苦了点,可以后在社会上没有一技之长不行啊!还得咬牙继续练,以后肯定用得着。"现在想起来,我很庆幸自己有这样的好姥姥,正因为儿时听了姥姥的话,刻苦练琴,我考上了吉林艺术学院,如今已成为长春市第一外国语中学的一名音乐教师了,还先后获得吉林省十佳教学新秀、长春市十佳教师、长春市骨干教师等荣誉称号。

姥姥还经常教育我要努力学习,不断进步。2001年,在我的结婚典礼上,姥姥没有说别的长辈常说的那些祝福的话,而是语重心长地嘱咐我俩:"孩子,结婚后别忘了学习,要学习'三个代表',要坚持看《新闻联播》,要关心时事,要在工作上干出成绩。"听了姥姥的话,在场的人有的笑了。但我知道姥姥这些话是发自内心的,因为她自己就是一个使命感、责任感特别强的人,她自己就是这么做的,所以她希望我们在好好生活的同时不要忘记学习,好好工作,快些进步。在姥姥的影响下,我们全家都关心政治,思想要求进步,我姥爷是一名老共产党员,我大舅、我爸妈、我表哥表嫂、我丈夫也都是共产党员。这年，我也光荣地成为了一名中共预备党员。

2005年11月29日中午，我突然接到家里电话，说姥姥病重住院了。我马上赶到医院，看见姥姥躺在病床上，呼吸困难，脸色苍白。看到我们难过的样子，姥姥反而安慰我们说："你们别担心，我没事，明天就好了。"以前，姥姥生病住院时，怕耽误我们工作，从不让我们在医院守护。可这一回她不再赶我们走了，她好像知道自己的时间已经不多了，想和我们在一起多待一会儿，和我们多说几句话。

晚上，姥姥昏昏沉沉地再一次睁开眼睛，缓缓地挨个人看过去，好像在寻找着什么。当看到东站十委社区的工作人员时，她停下了目光，嘴唇嚅动着，像是要说什么。社区工作人员赶紧把耳朵贴到了姥姥的嘴边，只听她说道："居民议事会安排好了没有？明天的会议我怕是去不了，给我请个假吧。"说话时，她的目光里充满了牵挂和无奈，眼睛也湿润了。我知道，此时的姥姥依然牵挂着她深爱的社区事业，牵挂着东站十委的居民。

在和病魔的斗争中，姥姥表现得很坚强、很乐观。在我们面前，她从不表现出怎么痛苦，连主治医生和护士都说她是一个坚强的人。为了挽救姥姥的生命，医生给她做透析治疗，我们就骗她说是换血，换过几次就会好。她积极配合医生的治疗，说："快点把我的病治好吧，中小学马上就快放寒假了，我还得回去安排社区孩子们的假期活动。"70多岁的老人，已经病成这样，还在想着社区工作，惦记着青少年的成长！

12月3日晚11点30分，姥姥的所有监控数据开始下降，心脏停止了跳动，姥姥永远地离开了我们……

姥姥走的那天，长春下了入冬以来的第一场雪，为了让姥姥走时也能像她平时做人那样干干净净，保洁队几百名叔叔、阿姨加班加点，清理了从居委会到殡仪馆路面的积雪，省、市、区有关领导和近千名社会各界人士参加了她的遗体告别仪式。告别厅里呼唤声撕心裂肺，曾得到过姥姥帮助的老年人、残疾人和困难户痛断肝肠地倾诉着。失去姥姥的痛苦，是无法用语言表达的，但看到有这么多的人前来悼念她，我从内心里为她老人家感到光荣，也为自己是谭竹青的外孙女而感到骄傲和自豪。姥姥已经离开了人世，但她崇高的品格深深地影响着我，影响着我们全家。就在姥姥走后的第六天，按照姥姥生前的嘱托，姥爷拿出2000元钱替姥姥交了最后一次特殊党费。我们家生活并不宽裕，姥姥、姥爷一生俭朴，吃的用的都很简单；姥爷身体不好，每月看病平均就得花900多元，但姥爷在家庭会议上决定，把姥姥病重期间和去世后收到的来自各方面的慰问金72000元全部用来帮助社区困难户，帮助困难家庭子女上学。春节前，姥爷还买了12000元的米、面、油，送给了社区困难居民，让他们也过个好年。姥姥把自己的一生献给了党的事业，献给了她所熟悉的小巷，献给了她所热爱的社区居民。她心里想的，始终都是如何为政府分忧，为居民群众解难。她忠诚无私的品格和全心全意为人民服务的情操，是我一生最宝贵的精神财富。姥姥,我一定不辜负您的期望,像您那样做人,那样工作,那样奉献!

老主任,你是我心中永远的丰碑

原东站十委社区居委会副主任　王玉莲

我是1989年到东站十委工作的,与谭竹青朝夕相处了16年。这些年来,谭竹青做的一些事,说的一些话,都在我的心里留下了深深的烙印,叫我一辈子都忘不了。

1981年,我随丈夫从长春市郊区大南乡进城,住到了东站十委。从乡下来到城市,没有工作,全靠丈夫挣的那点儿钱维持生活。有一天,谭竹青到我家走访,当了解到我以前在乡里做过广播员,又是党员时,就对我说:"玉莲哪,我们居委会正缺个像你这样的人,你待在家里也没事,就到我们居委会干吧!"我当时正犯愁找不着工作,听到这话,高兴地答应了。

开始我想,居委会工作干的都是小事,干多少也没个规定，差不多就行了。所以，有时办事不太细致，工作中常常出现这样那样的毛病。看到我工作不怎么上心，有一天，谭竹青找到我，语重心长地说："玉莲哪，你可别小看了这居委会的工作。上有国务院，下有街道办，咱居委会在老百姓眼里代表的是党和政府，代表的是老百姓的利益，如果咱们的工作做不好，那可是给党和政府抹黑呀！"这几句话，对我的触动非常大。后来我才知道，谭竹青从到东站十委工作，从来没挪动过。不是没有机会，组织上四次要提拔她，都被她谢绝了，就是一心一意地当居委会主任。我暗暗下了决心，一定要像谭主任说的那样，自己既然选择了这个工作，就要把它干好，对得起组织上的信任。谭竹青还经常对我们说："别看我们每天处理的都是些家长里短的小事，这里面可有学问了，想干好、想让居民心服口服，就得多学习，多积累经验。"她不仅带头学，还主持制订了党组织和居委会成员"双休日"学习制度，定期组织大家学政策、学业务、学时事。至今，我的脑海里还时时浮现出她和我们一起学习的情景：戴着那大大的老花镜，一字一句、认认真真地给我们读文件、读报纸，结合社区工作实际组织大家讨论……正是在谭竹青的多方努力下，东站十委党组织和居委会不断增加了一些年龄轻、文化高的新人，大家通过坚持学习，工作能力有了很大的提高。

有人说居委会主任连个官都不算，净干些鸡毛蒜皮的事，也挣不了多少钱，瞎忙活啥！当我们把这些话当玩笑说给谭竹青时，她立即较起真儿来：啥？鸡毛蒜皮？你们记住了，到啥时候老百姓的事再小也是大事，别的事可以不管，老百姓的事必须管！"居民刘艳秋是下乡知识青年，和当地一个青年结了婚。后来和丈夫离婚了，带着两个孩子回到城里，在东站十委买了一处小平房，日子过得很艰难。1995年，东站十委居民住房拆迁改造，刘艳秋家因为没有房证，开发商不给她解决回迁房，她就找到居委会，希望我们从中做做工作。谭竹青把这件事放在了心上，有一天她带着我到刘艳秋家了解情况。我们推门进去，看到的情景叫人心酸：盆里的粥稀得都能数清有几粒米，娘仨拿大葱蘸盐水吃饭，窗台上摆着一溜打完的空吊瓶，床是临时用木板搭起的，被子旧得看不出是啥颜色了。看到这些，谭竹青掉下了眼泪。回来后，她对我们说："这娘仨呀，太苦了！还是我们委里紧紧手，给她家买点米、面，买点豆油，再给她们弄点儿敬老院腌的咸菜。"以后逢年过节的，她都叮嘱我们给刘艳秋家送点什么。谭竹青还和大家商量，把刘艳秋列为了东站十委的扶贫对象，每月补助100元钱，直到孩子参加工作。等到回迁时，谭竹青磨破了嘴皮子，想尽办法协调有关部门，最终没花一分钱为刘艳秋解决了两室住房。

东站十委有个居民叫马小花，没有工作。1994年，她丈夫因病去世后，带着孩子在妹妹家住，靠卖雪糕维持生活。大夏天，她推着自行车，前梁驮着孩子，后座搁个纸箱，走街串巷叫卖，一天下来剩不了几个钱，有时卖不完化了，还得赔钱。生活的艰辛，让马小花想到了死。谭竹青知道了这件事，找到马小花，开导她说："小花，你有没有想过，你要死了孩子怎么办？有困难不要紧，有党在，有居委会在，什么沟沟坎坎过不去呀！"后来，居委会把马小花安排到东站十委敬老院当服务员，还让娘儿俩免费吃住在敬老院，使她们的生活有了保障。马小花见到谭竹青就止不住眼泪,一再表示说:"谭主任,是你救了我们娘儿俩!你待我比亲妈还好啊!"

过去,东站十委附近没有一家幼儿园,有入托难的问题,弄得年轻父母很苦恼。像十委居民房秀琴,30岁时,有两个孩子,每天早上背一个抱一个,挤公共汽车上班。冬天,大人穿着棉衣抱着小孩,累得手发酸腿发软,眼看过去一趟一趟的公共汽车,就是挤不上去。实在没办法,有一天房秀琴找到谭竹青哭着说:"谭主任啊,天天抱着孩子挤车上班,我真的受不了啦!咱委里能不能办一家幼儿园哪!"谭竹青安慰房秀琴说:"小房,你别着急。等咱委里有了钱,第一件事就是办幼儿园。"到了1985年,靠着一点儿一点儿的积攒,十委终于有了点钱,谭竹青便请来了设计人员开始筹建幼儿园。选来选去,幼儿园的地址就定在了谭竹青家边儿上。后来实地测量时发现,按照图纸建幼儿园,需要拆掉谭竹青家的半间房。谭竹青的儿媳妇坚决不同意:"哪有拆自己家房办公家事儿的!再说,拆了房子,咱们一家好几口住哪儿啊!"大伙也都劝谭竹青:"你们一家老少三代住在一起,本来就挺挤的,别拆房子了。盖个小一点儿的幼儿园不就行了嘛!"可谭竹青说:"十委谁家的孩子上不了幼儿园,都是我这个当委主任的没尽到责任。盖一回幼儿园不容易,要盖就盖个大点儿的,图纸咋设计的就咋干!家里人的工作我来做。"大家拗不过她,只好同意了。动工那天,外面下着雨,为了赶进度,谭竹青带着大家冒雨拆掉了自家的半间房……幼儿园建成了,年轻的爸爸妈妈们再也不用为送孩子的事发愁了,可谭竹青一家人在仅剩下10多平方米的土坯房中一住就是十几年。大家实在看不过去,多次劝她换个房子住,还帮她选好了新的房子,可谭竹青说:"社区还有不少居民没房子住,等他们都住进新房再说吧!"

在东站十委的社区办公楼里,最大的一个房间是"居民议事厅",是东站十委重要事情民主决策的地方。谭竹青虽然威望很高,大家佩服她、信任她,但她从不一个人说了算。凡是像建敬老院、幼儿园、小区改造、社区市场建设等关系居民利益的大事,都是通过居民议事会、居民听证会实现民主决策的。

在谭竹青身上,总有一股不服输的劲头,她的思想和工作总在不断创新。别看她当时已经是六七十岁的人了,嘴里经常会说一些新鲜词儿,有些新思路,什么"居民自治"啦、"社区矫正"啦、"和谐社区"啦,等等。也正因为如此,东站十委的工作经常比别人快几步,常常是上级刚一开始部署,谭竹青已经领着十委干起来了。为了响应全民学法的号召,谭竹青带领我们成立居民法制学校,设立社区法律咨询室,创办"少年模拟法庭",提高社区居民的法律意识;为了让居民走上讲坛,当面对话,平等沟通,谭竹青带领我们创办了"小巷讲坛",使很多问题在社区层面得到解决;为了丰富居民的精神生活,谭竹青带领我们成立书画、摄影、老年人、青少年教育、志愿者等十多个社区协会,组织开展书画展、摄影展、邻居节等活动,让社区邻里关系变得更加和谐融洽……在谭竹青的带领下,我们居委会的一班人也学会了适应形势发展,围绕居民需要,创新工作方式,扎扎实实地做好社区的各项工作。

毛主席说过:"一个人做点好事并不难,难的是一辈子做好事。"谭竹青在居委会主任这个极为平凡的岗位上,兢兢业业地做了一辈子好事,为我们留下了取之不尽、用之不竭的精神财富,在我们的心中树起了一座永远的丰碑!

谭姨,你为我撑起一片天

吉林省长春市东站十委社区居民　于淑霞

我是曾经得到过谭竹青帮助的下岗再就业职工。对于我,谭竹青是恩人、长辈,我习惯地叫她"谭姨"。多少年来,我和那些在谭姨帮助下走出困境的兄弟姐妹们,一直琢磨着要为她老人家做点事,可没想到这个机会却永远都不会有了。我怎么也不能相信,令我尊敬、钦佩,时时给我力量的谭姨会离我而去。这些日子以来,她关心我、帮助我、激励我的一幕幕情景,常常浮现在我的脑海里。

我原来是长春制药厂的一名工人。1990年前后，不仅我们单位效益不好，开不出支，而且我们社区附近的柴油机厂、拖拉机厂、造纸厂等大中型企业不是破产下马，就是转制经营，剩余劳力汇成一支下岗职工大军，我也是其中的一员。家里上有老下有小，五口人生活全靠我丈夫打工挣的那点钱来维持，非常困难。我待也待不起，就自己做起了买卖。养过花，养过狗，捣腾过水果，跟着风儿，看别人干什么就干什么，可总比别人慢一拍，折腾了几年，赔了个精光，还欠了近11万元的外债。债主三天两头跟我要债，亲戚也怕我跟他们借钱，都躲得远远的。家人都埋怨我："你这买卖还不如不做了，本来就紧巴巴的，还欠这么多债，这下子可咋还哪！"那一阵子，我怕见债主，大门不出，二门不迈，白天坐在家里发呆，晚上成宿成宿睡不着觉，我连死的心都有了，头发也愁白了。

就在我最艰难、最绝望的时候，谭姨知道了我的情况，她来到我家，拉着我的手说："淑霞啊，这几年你这买卖没少干，大家都挺佩服你的，一个女人家了不起啊！你现在遇到点挫折，那是暂时的。今天我特意来找你，咱十委为了解决下岗人员的生活困难，建了个市场，你就掂量着在那儿卖点啥吧！"谭姨的这番话，让我心里暖乎乎的。可我真是赔怕了，一想起做买卖的事儿就头疼。我对谭姨说："我可不干了，我是干啥赔啥，没那挣钱的命！"谭姨一下子松开我的手，指着我说："你这么年轻，遇到这点困难就把自己看扁了？这可不像我眼里那个淑霞啊！你有头脑，又能吃苦，你爱人又有那么好的做熟食手艺，现在市场刚建，一家熟食店都没有，你们两口子开个熟食店准行。你不用担心，一切手续居委会帮你办。我是一个普通的老百姓，30多岁下岗，几年来事事不顺，在我心中结成了冰。谭姨的这番话，像春风吹醒了我对生活的希望，多年来的艰辛、痛苦、委屈和感激之情交织在一起，泪水再也止不住了……我哽咽着对谭姨说："谭姨，你放心，这次我一定把买卖干好，绝不能让你失望！"

在谭姨的帮助下，1995年8月，我家的熟食店正式开张。我那兴奋劲儿就别提了！每天起早贪黑，不管多忙多累，精神头可足了。谭姨每天手头的事儿很多，但总会抽时间到我的小店转转，告诉我东西怎么摆，教我要热情对待每一位顾客，嘱咐我绝不能短斤少两……只要是她能想到的都一一告诉了我。那时候，市场刚建起来，还没有通电，有时天黑看不清，收到过好几次假币，真让人又气又急！谭姨知道这事儿后，就把她家的充电应急灯拿过来让我用。我知道谭姨住的那栋房子经常停电，她们老两口年纪大了也离不开应急灯，就说什么也不要。谭姨对我说："你起早贪黑挣点钱不容易，收到一张假钱这一天不就白干了吗。先将就将就，我马上和供电部门沟通，争取早点供电。"说完把灯放下转身就走了，我连一句谢谢都没来得及说。

2000年，长春市整顿市场秩序，我家的熟食店也要搬进室内市场。有一天，谭姨对我说："淑霞啊，你已经干了好几年的买卖，也有点基础啦，再干这小店已经不适合你，你要想着往大里发展。现在十委社区搞住房改造，我看你应该买个门市房开个大点儿的饭店。如果钱不够,我帮你想想办法,能缓交的就缓交,能贷款的就贷款。"说心里话,当时连我自己也没有想到要把买卖干大,谭姨替我想到了,而且想得那么周到,我从内心深处感到,在东站十委、在谭姨身边生活真的是幸运!为了我的事,谭姨不知道跟开发商谈了多少次,还一遍一遍地帮我跑银行贷款。最后,我以首付30万元的优惠价格买下了170平方米的门市房,开起了"真不同"风味酱菜馆。在谭姨的帮助和鼓励下,我创业的信心更足了,把全部精力都投入到饭店经营上,没白天没黑夜地干。有时遇到不明白的地方,我就去找谭姨问问,她不仅帮我分析问题,出主意想办法,还多次带我到市内生意好的饭店去"取经"。有了谭姨的帮助,饭店管理得好,地理位置也好,生意一直很红火。那时,她隔三岔五就到饭店来看看。每次看我们忙忙活活的,脸上就挂着微笑,说:"谭姨看到你们生意好就打心眼里高兴,你们不用跟我客气,多招呼招呼客人吧!"有的顾客悄悄地问我:"这老太太是你家啥人哪?咋对你这么好?"每当这时,我就骄傲地告诉他们:"这是我谭姨,是我们社区的主任!"

2003年,我们东站十委响应市里的号召,开展全民创业活动,谭姨又找到我说:"你现在富了,谭姨也可以放心了。可咱十委还有些人生活挺困难,没什么事做。他们不会独立做生意,要是学点手艺,出去打工也能维持维持生活。我想把你的饭店作为餐饮培训基地,让他们在你这儿学习学习,你看咋样?"我知道,在谭姨眼里,十委社区的每一个人都是她的"心头肉"。想着这么多年谭姨在我身上倾注的心血,我二话没说就答应了。两年多来,在谭姨的安排下,我免费培训了30多名下岗失业人员和待业青年,让他们学到了技术,找到了饭碗。为此,我还被区里评为创业明星,一些记者多次来采访我。每当广播、电视报道我的事情时,谭姨都打电话告诉我几点重播;要是我的事迹见报了,她会第一个把报纸送给我。我知道,谭姨这是在鼓励我,希望我有更大的发展!

天有不测风云。2004年,我儿子得了糖尿病,心急之下我领着孩子到处求医问药,钱没少花,药没少吃,病不但没好反而加重了。我知道谭姨也有糖尿病,几次想打电话问问这方面的情况,可怕她知道后替我上火,几次拿起电话又放下了。可谭姨还是知道了!记得那天外面下着小雨,饭店刚开门,我偶尔一抬头,猛然看到谭姨那熟悉的身影。她正让人搀着,步履蹒跚地走过来。我赶紧迎出去,看见谭姨脸色苍白,心疼地问道:"谭姨,你这是干啥啊,病成这样了,咋不在家歇着呢?"谭姨说:"听说你孩子得了糖尿病,我过来看看。"我鼻子一酸,眼泪唰地流了下来。进门后,谭姨埋怨我说:"你看你,孩子有病也不告诉我,怎么的我也能帮你想想办法呀!"她劝我不用上火,给我讲了一堆防治糖尿病的知识。临走时还叮嘱我,要每周给孩子测血糖,要是我没时间,她就让社区卫生服务站工作人员到我家给孩子测。经过一段时间的精心治疗,如今,我儿子的病情控制得很好。

2005年12月4日的早上,我像往常一样在饭店打点着生意,儿子突然从外面跑进来,大声喊:"妈,谭姥姥没了!""啥?!"我简直不敢相信自己的耳朵,眼前一片漆黑,瘫坐在椅子上，泪水不停地往下流：谭姨啊，谭姨，你不该匆匆地离我而去！十几年来，你为我做了那么多，你不是我的亲人，可你做的却是我亲人都做不到的！每当我有什么困难，第一个想到的就是你，给你打电话，听听你的意见。谭姨，你可知道，我还有好多话要跟你说，还有很多事需要你帮我拿主意呀！可是现在不能了，以后也永远不能了……

谭姨走了，她那忙碌的身影至今还时刻在我的脑海里浮现。人死不会复生，但她的精神永存。谭姨为我撑起了一片天，她不仅让我有了今天的好生活，而且让我懂得了许多做人的道理。我今生今世永远也忘不了谭姨！

社区老人的贴心人

☆☆☆☆☆

原东站十委社区敬老院院长　袁淑青

我在谭竹青身边工作了 20 年。她习惯叫我"袁老三"，我叫她"谭姨"。在这 20 年里，我亲眼目睹了谭姨为十委的老人们呕心沥血、忘我工作的情景。早在1987年，我们这儿就在谭姨的带领下建起了长春市第一家委办敬老院。到现在为止，陆续入住的老人900多位，其中有83位老人是在敬老院里过世的。为了这些老人，谭姨费尽了心血！

2005年12月4日早晨，谭姨去世的噩耗传到我们敬老院时，老人们泣不成声，有的吃不下饭，睡不着觉，一遍一遍地念叨着谭姨的名字；有的看着谭姨的照片，边哭边说："谭主任，你不能走啊，我们还等着你一起过年啊！"有的老人连走路都困难，却非要去看谭姨最后一眼……老人们为什么对谭姨有这么深的感情？这还得从20年前说起。那时，我们十委有8位孤寡老人，谭姨待他们就像自己的亲人一样，每天都亲自或派人到这些老人家里，给他们做饭、收拾屋子，陪他们聊天。可就是这样，谭姨还是不放心，因为当时十委居民住的都是平房，冬天屋里生炉子，晚上要压炉子，门窗关得严，人容易煤烟中毒。谭姨就和大家一起商量："这样每天提心吊胆的也不是个办法，干脆把老人们集中起来照顾吧！"于是，谭姨就用居委会多年积攒的钱盖起了敬老院，把8位老人接到院里养老。老人们住上了新房子，还有专人照顾，都乐坏了，逢人就说："谭主任真好，别看我们无儿无女，谭主任就是我们的亲闺女！"

谭姨不仅精心照顾十委的孤寡老人，对来自别的地方有困难的老人也都伸出援助之手。记得在敬老院建成后不久的一天早晨，有位老人来到东站十委，见到谭姨二话没说"扑通"一声就跪下了，流着泪说："谭主任，你要是不收留我，我就真没有活路了！"谭姨赶紧把老人搀扶到椅子上，倒了一杯热茶，和他细细唠了起来。原来老人家住城郊，和儿媳妇发生了矛盾，一气之下，卷起行李卷离开了家。老人来到市区，没地方去，越想越伤心，心想死了算了，就往出租车上撞，被好心的司机送到了我们东站十委。谭姨听完老人的哭诉，让我马上去给老人下了一碗面条，还特意嘱咐打两个荷包蛋。老人千恩万谢，谭姨说："谢我干啥，有党和政府还能让你去住马路？"老人在敬老院住下后，谭姨反反复复地开导他，得和儿媳好好处，相互多理解。谭姨让人用自行车驮着，往返十多里路到老人家做他儿媳的工作。儿媳也想通了，小两口一起到敬老院把老人接回了家。

　　十委敬老院的名气越来越大，慕名而来的老人也越来越多，可敬老院只有12张床位，远远满足不了需求。谭姨心里很着急，就琢磨着扩大敬老院的规模。跟大家一说，有的不理解。可谭姨认为，这些老人要是居委会不管，就得政府去管。十委现在条件好了，就要多为政府分忧。大家统一了认识，在谭姨的带领下，经过多方筹集资金，建起了1000多平方米的二层小楼，使更多无人照料的老人住进了敬老院。

　　敬老院是谭姨最牵肠挂肚的地方，再忙也抽出时间到院里看看。她还经常叮嘱我们要多关心老人的生活，要把老人当作自己的亲生父母一样对待。有一天，院里来了一位叫刘玉海的老人，是他女儿送来的。听他女儿讲，老人好喝酒，酒后经常打人骂人，动不动就砸东西，把儿女们都得罪了，谁家都不愿意管；换了好几家敬老院，也都住不长，最多不过三天就被撵了出来。因为老人的事，他们两口子也经常吵架，到了要离婚的地步，听别人说东站十委的敬老院很好，就带着她父亲来了。

如果十委敬老院再不收，父女俩只好出去租房子住。听到这些，我当时心里很矛盾：要是收下，万一他酒后闹事打坏了别的老人咋办？要是不收，还真于心不忍，说不出口。我拿起电话问谭姨这事咋办，谭姨在电话那头生气地说："袁老三，这事还用问我？如果他是你爹，你该咋办？"说完"啪"把电话挂了。我当时傻眼了，二话没说给老人办了入住手续。刚到敬老院那段时间，刘玉海老人还是改不了好喝酒的坏毛病，天天要酒喝，不给就大吵大闹，喝完就找茬儿打架。许多老人有意见，要求把他撵出去，可谭姨却没那么做。知道老人脾气不好，就经常去看望他，跟他聊天，耐心开导，还让我们在生活上多关心多照顾他。几个月下来，老人脾气变好了，酒也戒了，还经常帮我们做些力所能及的事。他女儿知道后很高兴，几次要接他回家，老人就是不肯，他说："谭主任最懂我的心，十委敬老院比家还好！"刘玉海老人在敬老院里一住就是8年多，最后是在敬老院里过世的。

谭姨要求我们，不仅要让老人吃好、睡好，更要让老人在精神上、感情上有所寄托。每年的春季和秋季，谭姨都要组织老人们去郊游，让老人们感受家乡的变化，20年来，长春电影城、长春净月潭国家森林公园、吉林松花湖等许多地方都留下了老人们的足迹。每次出游，最操心的还是谭姨，不是怕这个掉队、摔倒，就是怕那个累着、犯病。由于她的精心细心，敬老院组织老人郊游，从没出过什么差错，每次都是高高兴兴地去，乐乐呵呵地回。

活到老学到老，是谭姨经常挂在嘴边上的一句话。她要求我们每周都要组织老人学习，组织有益于老年人身心健康的活动。为了让老人们感受到亲情，她还定下个规矩，就是坚持给每一位老人过生日，20年来从没有间断过。老人们在这里真正感受到了社会大家庭的温暖，体会到了什么是老有所养、老有所乐。

我还记得，谭姨在做最后一次透析时对我说："三儿呀，你别在这里守着了，快回敬老院吧，我不放心那些老人哪！"谭姨已经走了，可她的话却久久地、久久地在我耳边回响。谭姨，我想对你说：你放心地走吧，我一定会把全部的精力奉献给你一生最热爱的事业，把你的爱心传递给更多的老人！

记者眼中的谭竹青

把居民的事看得比天大

☆☆☆☆☆ 《人民日报》记者 刘亮明 李章军

山垂首，黑土含悲。2005年12月3日，一个被泪水浸透的日子。这一天，长春市二道区东站街道十委社区党委书记、居委会主任谭竹青——一位为百姓操劳了整整48年的74岁老共产党员静静地闭上了双眼，离开了她深爱的社区和父老乡亲，离开了她抛洒下全部心血和汗水的黑土地。

12月6日，为了看老书记、老主任最后一眼，上千居民冒着严寒自发地拥来参加了遗体告别仪式。追悼会上，有的哽咽不止，有的失声痛哭。老姐姐、老主任、谭姨、谭妈、谭奶奶……一声声撕心裂肺的呼唤是失去亲人的悲痛，一句句发自心底的诉说是对主心骨的崇敬和感激。

谭竹青走了，但她留下了全国劳动模范、全国优秀党务工作者、全国优秀居委会主任等170多项荣誉，留下了一位共产党员、基层党务工作者鞠躬尽瘁、无私奉献的宝贵的精神财富，把一座永不褪色的丰碑留在百姓的心上。

她从不计较官大官小，更不在乎辛苦劳累，总是一心扑在社区的发展建设上

"作为一名基层党员干部，虽然官不大，但是为官一任，就要造福一方，这是共产党员的本分和天职。"谭竹青的这句口头禅，对十委社区班子的伙伴们早已不再是一句话，而是他们每天都看得到的忙碌身影，和经年累月用行动干出来的非凡业绩。"只要是社区发展建设的事，谭姨立马就来精神，压根儿不在乎苦呀累的。"十委社区副书记、代理主任赵惠君的敬佩之情溢于言表。

上世纪 80 年代初，十委社区班子的伙伴们常为全国的改革热潮兴奋不已，但一想到"自家一亩三分地儿"的发展就犯愁。当时的十委社区还是"三条黑胡同，一条泥水路"，居委会穷得连办公用品都买不起，根本谈不上社区建设。"咱得先发展社区经济，有点钱才好办事。"尽管谭竹青的决定经过深思熟虑，但还是立即引来一片惊疑的目光。没钱、没物、没项目，要发展经济不是说梦话吗？

"咱是党员，为了社区的发展，为了群众能安居乐业，就不能怕困难，不然，要我们共产党员干什么？"谭竹青的话给伙伴们愁云笼罩的心头投下一道亮光。

大的干不了，先从小的干起。社区经济就从第一个小吃部起步了

没钱买厨具，谭竹青带头把家里仅有的 450 元拿出来；没钱买砖和沙石，已年过半百的谭竹青带着退休职工和一些待业青年起早贪黑走街

△ 2005年12月6日清晨居民们自发地在社区门前打起的条幅

串巷,到拆房工地拣碎旧砖头、旧木料,到附近河里挖沙子,和大家一起光脚丫脱土坯。不到半月,一个10多平方米的社区小吃部红红火火开业了。

第二年,谭竹青又打起了建服装厂的主意。听说市服装厂一位姓柴的师傅退休了,她就连夜上门请他帮忙。柴师傅想享享清福,不想再干了,她就三番五次地找上门,向老人诉说社区的难处,居民的渴盼。"你这个老妹子,为了公家和百姓的事可真上心啊,看来我不答应还真过不去了。"深受感动的柴师傅最终没拗过她。服装厂办起来后,生意一直很火。

最初创业的汗水,使社区终于有了一些积蓄。谭竹青没有止步,立即又用这些钱聘请了一些退休的能人,相继办起了制鞋厂、印刷厂、汽车修配厂、装潢公司等17个委办企业。从那时起，十委的经济越来越壮大，再没向国家要一分钱，到去年已有固定资产2000万元，年创利税60多万元，累计向国家缴纳税金680万元。

她把居民的事看得比天大，为办好一桩桩一件件实事，操碎了心，费尽了力

上世纪70年代，十委附近还没一家幼儿园，很多母亲又要送孩子到很远的幼儿园，又要赶着上班，常因挤不上公共汽车急得直哭。谭竹青看在眼里，急在心上。

1985年，十委终于有了点钱。天天算计筹划的谭竹青立即找技术人员设计出了幼儿园的图纸。实地选址测量时，正好需要拆掉她家的半间房。大家主张把设计缩小点，她的儿媳妇也想不通："哪有拆自家房给公家建幼儿园的呀。"谭竹青说："居民的事是大事，自家的事怎么也好凑合。好不容易盖个幼儿园，不能让孩子们受委屈。"

幼儿园按原设计建成了，社区和附近的母亲们不用再为孩子的事发愁了，可谭竹青一家却仅剩下不足10平方米的土坯房，一住就是十多年。

为了不断改善和满足社区居民的需求，十多年来，谭竹青带领大家陆续又花了10万元建起了社区益寿院、阅览室、健身房、录像厅、游艺部，用150万元为社区建成了1780平方米的服务中心。凡是她能想到的、居民需要的，她都昼夜奔忙，一件件落实到社区的土地上。

今天，走进十委社区，看到的是一处处公益建筑设施，是一栋栋令人眼亮的居民住宅楼，是一条条平坦的柏油路，是一片片怡人的花草树木。然而，十多年前，这里还是"晴天一身土，雨天两腿泥"的棚户区。

△ 高楼林立的十委社区

为了让居民早日圆上楼房梦，谭竹青为找开发商四处奔走。可是，一个个老板来看看就扭头走了，有的还说："我送你200万元，你别让我在这儿投资建房就行。"她毫不灰心，依然昼夜不停地奔波，苦口婆心地协商，终于打动了一家房地产公司老板的心。

谁都没想到，从拆迁公告发布之日起，300多户居民的老房子竟然在42天内就全部拆完。"这速度也就是在十委，在谭老太太这儿能有。"开发商惊叹不已，逢人便说。当年年底，5栋住宅楼拔地而起，547户低收入居民欢天喜地地迁入新居。

2005年11月30日，谭竹青去世的前4天，十委最后一个回迁户住进了新楼房。至此，十委先后三批开发棚户区16万平方米，圆了近4000户居民的住楼梦。

"谭姨她把咱居民的事看得比天大,为办好一桩桩一件件实事,真是操碎了心,费尽了力。"采访中,很多居民禁不住泪流满面。

她上为国家分忧,下为百姓解难,把党的温暖送到每个人的心坎儿里

"有难处,找谭姨。"在十委社区,这是最通行的一句话。谭竹青是社区居民的主心骨,再难的事,她也要千方百计帮助解决;她是百姓的贴心人,再苦再累,她也要把温暖送到百姓心里。人们说她是"上管天,下管地,中间管着百姓的冷暖疾苦、柴米油盐",亲切地称她"小巷总理"。

"谭姨是我致富路上的一盏明灯,有她心里就敞亮、暖和。"居民董学芹的话充满敬佩。1997年,本来没有工作的董学芹,爱人也下岗了,全家的生活蒙上了阴影。谭竹青帮她在露天市场安排了摊位,还借给她3万元本钱。一年后,露天市场取缔了,困境中,谭竹青又帮她在新建的室内市场里租下几节柜台,办起了面食店。小两口牢记谭竹青以质量信誉立足的叮嘱,小店办得红红火火,月赢利2000多元,日子过得一天天好起来。

"作为党的基层干部,就是要上为国家分忧,下为百姓解难,把党的温暖送到每个人的心坎儿里。"几十年来,谭竹青心里装着党的宗旨、国家的期望,装着百姓的柴米油盐、冷暖疾苦,兢兢业业地履行着一个共产党员的信念和职责,"哪儿有难处,谭姨肯定就会出现在哪儿。"

"谭姨待我们比亲娘还亲哪,是她老人家救了我一家。"一说起谭竹青,46岁的马小花就止不住眼泪。丈夫去世后,她寄居在妹妹家,娘俩靠打零工艰难度日，一度她自己也不想活了。谭竹青听说后急得睡不着觉，赶到她的住处暖语鼓励："小花，过日子总会有困难，但你别怕，什么沟啊坎儿的咱都能迈过去。"随后，她就安排马小花在敬老院当服务员，娘俩免费吃住。

一次，号称"小霸王"的十委青年屈刚打群架住进医院，家人声明和他断绝关系。可谭竹青提着一兜水果、糕点来看他了："好好养病，想要啥，姨给你买。"第二天，谭竹青又买了一堆他爱吃的东西来，并耐心地给他讲做人的道理，摸着他的头说："你从小没了娘，是个可怜孩子。你放心，今后你的一切姨都包下了。"一句话使这个刀扎到骨头上都不掉一滴眼泪的"拼命三郎"呜呜痛哭。后来，谭竹青为他在委办厂安排了工作，为他筹办了婚事。小屈把对谭姨的感激全倾注到工作中，很快成了生产骨干，并加入共青团，后来还当上了维修队长。

多年来，谭竹青一有空就到敬老院看望老人们。特别是年节，她总要来和老人们一起包饺子、吃年夜饭，老人们见了"老妹子"也总有说不完的心里话。

她心里装的是党和人民，想的是工作和奉献，就是没有自己

在谭竹青的办公室里，摆着一张比小学生课桌稍大点的办公桌，在一篇《长期受教育，永葆先进性》的文章上面放着她的老花镜，旁边搁着她还在走动的老手表，墙上挂满了从中央到地方各级党和政府颁发的锦旗和奖状，唯一"奢侈"的是朝阳的窗台上一盆在严冬里依旧散发着淡淡幽香的兰花。从窗户望出去，是蓝蓝的天空和天空下连成一片的浅红的居民住宅楼群，以及纵横延伸的柏油路和正准备为人们奉献绿色与芳香的树木花草。

在谭竹青事迹的陈列柜里,静静地展放着她的4张工资单:

1981—1989年,月工资20元至30元;

1990—1995年,月工资120元至150元;

1996—2003年,月工资300元至350元;

2004—2005年,月工资890元。

看着这些,十委的干部和居民禁不住一次次泪水盈眶,唏嘘再三。"谭姨她心里装的是党和人民,想的是工作和奉献,就是没有她自己。"

她为居民呕心沥血建了那么多楼房,可她硬是住在10平方米的土坯房里,直到当时社区的全部居民都搬上楼,她才在1997年迁进84平方米的楼房。

她为那么多下岗失业和待业人员安排了工作,可是自己孩子的工作她一个也没管过,都是靠孩子们自己的专长和努力找的。临终前,她拉着儿子的手断断续续地说:"儿子,委屈你了。平时妈对你要求严,也没给你留下什么,你也没沾上光,反而受了很多苦。妈这也是为你好,你就别怪妈了。"儿子泣不成声。

50年来,她为居民百姓办了成千上万的好事、实事,但她从不收受人们为感激她送来的礼物。曾得到过谭竹青多次帮助想送200元感谢而被拒绝的残疾人范喜香说:"谭姨可'不近人情'了,只许她对我们好,连我们表达个心意都不许。"话虽这么说，但他和大家心里都满怀感激与敬佩。正是这"不近人情"，饱含着老主任对居民的无限深情。

因为她的能力和业绩，曾有过4次招工提干的机会，但都被她一一推辞了。"作为基层党员，我能为这么多居民服务，已经很满足了。"

天不言自高，地无语自厚。谭竹青没走，她作为一个共产党员的高风亮节、公仆情怀永远留在人们的心上。

她为居民谋幸福

★★★★

《中国社会报》记者　祝小惠

2005年12月6日，吉林省长春市殡仪馆。天也冷，心也冷，一座城市在寒风中送别一位老人。

与她告别，准备好的白花根本不够用。老人、残疾人、困难群众、居民、干部顶着零下18℃的严寒等在街头，最多容纳700人的告别厅又挤进数百位闻讯赶到的居民，还有人不得不站在厅外。噩耗传到北京，民政部部长李学举专门发来唁电,表示哀悼。省委副书记杜学芳来了,市委书记李述、市长祝业精来了,区委书记刘德生、区长杨云超来了,他们带着党和政府的感谢,春城的追思。警察来了,医生来了,他们来护卫送葬的车流人流,抢救因悲痛昏倒的人们。

1948年,17岁的她带着年幼的弟弟,从炮火间歇中冲出被解放军围困的长春城,来到郊外解放区,参加革命工作。她担任了副乡长、妇女主任,此后,又在居委会主任、社区居委会主任的岗位上一干48年。

2005年12月3日,她在弥留之际,安慰陪护看望的居民:"我挺得住。"数百位居民满怀希望地转告着、重复着她的承诺时,她静静离去。

一天、两天,七天过去,她的同志们有时感觉她还在身边,有时惊悟她已离去,一天哭两三次,泪水滋滋地涌出来,有的人眼睛疼痛,有的人眼睛像蒙上东西。

她就是被喻为"社区之魂"的长春市二道区东站十委社区党委书记、居委会主任谭竹青。

社区居委会主任,一个不入序列的小小"官",能做些什么?又做了些什么?

卖一块酥饼挣一分钱推石磨推出幼儿园

1978年,十委居民生活有"八难"——子女入托、吃饭、行路、就医、维修房屋、理发、孤寡老人生活和待业青年、两劳释解人员安置难。

入托难压得年轻妈妈掉眼泪。当年30岁的房秀琴是两个幼儿的妈妈,她每天早上背一个抱一个,挤车上班。冬天,大人孩子都裹上棉衣,房秀琴累得手发酸腿发软,眼看过去4趟车,也没挤上去。房秀琴哭着回了家,找到谭竹青:"城里的整托咱上不起,居委会能不能办个托儿所?"

孤寡老人生活难更让居委干部揪心。每到年节,居委干部一人包几户,陪老人过年,谭竹青都要忙到下半夜才能回家。黄淑英、董国祥老两口缺煤，谭竹青将自家一吨煤送上门，黄淑英病了，谭竹青招呼人将老人送进医院，忙活了半宿，老人好转了，谭竹青却病倒了。谭竹青总念叨，如果能办个敬老院，照顾起孤老们就方便了。

谭竹青召集居委会委员们商讨解"八难"的办法。她说："咱们办个早餐点，居民们不必起大早排队，待业青年有了活干，居委会攒下钱办托儿所、敬老院。"

话音一落，招来一片叹息："谭姨您看，咱一没房，办公在您家这铺热炕上；二没钱，看孤寡老人、买办公用品您还自己掏腰包；三没技术，这'三没有'怎么办早餐部？"

谭竹青的信心非常坚定，多次开会统一思想，将大家的信心鼓舞起来。

当一个人带领一群人，决心为一个崇高的目标献身时，就会创造出令人难以置信的业绩。他们四处捡碎砖头，光脚脱土坯，挖沙子，沿着大街小巷寻觅，看见拆房工地就上前搭话，请人家支持他们旧门窗木料。料备齐了，谭竹青的丈夫，跃进水泥厂行政科长宋国华任瓦匠、木匠、电工，客串总指挥，居委会干部、待业青年当大工小工，一间10多平米的小吃部盖成了。

开张之日，锅碗瓢盆都是谭竹青从家里拿来的。他们早上三四点去市里批酥饼，晚上磨豆浆，每天只睡四五个小时。一块饼赚一分钱，有时饼被压坏颠破，自己也不动一口，留着卖回个本钱。

小吃部成功后，十委又按老办法盖小房、建工厂，办起麻花作坊、鞋厂、皮革厂、服装厂。

燕子垒窝一口口泥。1985年，十委投资30万元，建起一座小二楼，楼上办公，楼下做幼儿园，接收了本委30多个孩子。1987年，又盖起一栋小二楼，建起全市第一家委办的益寿敬老院。

一天，敬老院来了个双目失明的农村老人，背着个一尺粗细、糊满尘土的被子卷,进门听说面前是谭竹青就跪下了。原来老人姓李,家住八里堡,儿媳嫌他眼瞎干不了活,硬赶出家门,老人4次寻死没成功,一位好心人指点他找谭竹青:"她最关心穷人,指定帮你。"当时,益寿院床位已全部住满,又特为李老汉在走廊加了铺,养老送终。

"公关"新居4000套 "龙须沟"今昔两重天

十委原是一片棚户区,毗邻伊通河,地势低洼,地名就叫"二道洼子"。论人员,居民中最高职级是科长,论市政,三条胡同一条街,小房套小房。老房是解放初期,政府为解决劳动人民住房盖的小平房。老住户的儿女们长大了,结婚没地方住,便在老房外接盖小房。条件好的,上个尖顶房梁,方便大雪滑落清除。穷一些的,买块油毡压一溜砖,冬天大桦子烧不暖屋。

80年代、90年代初,街道为整顿市容,防止火灾,两次安排扒小房,可是扒掉没几天,小房又灰头土脸地钻出来,老子没能耐,子女没单位,不盖小房住在哪儿?

胡同中的道路是泥土路,一到雨天,走路不知如何下脚,群众抱怨:"泥浆污水无处流,比'龙须沟'还'龙须沟'。"

心里有话,人们找谭竹青念叨,有的叫谭姨,有的叫老妈,有的叫大姐,说的都是一句话:"咱们什么时候也能住上干干净净的大楼房?"

谭竹青立下志愿:"一定让十委全体居民住上'三气'楼房!"

远在北京的国家机关仿佛听到了这位最基层"小巷总理"的心声。1994年,国家建设部发出关于为低收入群众建设安居工程的通知，经费由政府补助一部分。

1995年，长春三片棚户区列入试点。谭竹青此前的奔走呼吁早已给省市领导和建设部门留下深刻印象，如今有了这美梦成真的机会，都替谭竹青高兴，十委无争议地列入试点项目。

1995年，十委土地上1.9万平米的7层住宅楼拔地而起，230户迁入有煤气、暖气、上下水的新居。

1996年，又开发3栋2.8万平米，300多户居民入住。

1997年，伊通河畔的"龙须沟"定格为历史旧照片，泥泞路变成排水通畅的柏油马路，路旁1000平米的空地植树种草，一派现代文明小区的模样。

谁能相信，这次巨变竟是当年完成，即当年动迁、当年施工、当年回迁。东北施工期仅6个月，为了让开发承包单位——长春市安居工程建设发展中心多一点施工时间，谭竹青和居委会人员挨户通报："抢时间搬出去，尽快回迁。"

对于借不到、租不起周转房的困难户，谭竹青和居委会四处想办法帮着找住处。有一位患精神病的住户，自己没能力租借，很多人怕惹火烧身，不敢相帮。居委会副主任赵惠君动员家人支持，将自家房屋借给了他。

在二期工程动迁时，有个住违章建筑的住户说啥不搬，谭竹青多次上门苦口婆心地劝说，又帮她解决了一些实际困难，才使之搬出。

承建单位负责人范经理回忆："从拆迁公告发布之日起42天，300多户全部拆完。这速度也就是在十委，在谭老太太这儿。"

回迁对绝大部分居民来说是大喜，对少数特困户却是喜忧交加。谭竹青一手托几家，帮实在住不起新楼的户调换质量差一点的旧楼。协调承建单位，对特殊困难户减免扩大面积费和进户（防盗门、煤气、暖气）费，使全委500多户"像做梦一样住上了'三气'楼房"。

2000年初，周边原八委、九委、五委的居民陆续并入十委，总计居民 4000 户，长春安居工程改变为建设经济适用房。谭竹青一如既往地为改善他们的住房倾注心血。

低保户老徐说："提起谭姨，我有一肚子话，仅 2004 年，她就为我家做了 4 件大事，我一生中想做做不到的大事。一是给我爱人安排工作，二是为我突发重病的爱人付抢救费，三是保障我儿子学业有成，第四件事是回迁。

"我原来住 29 平米的平房，无下水，烧炉子，我爱人瘫痪后坐轮椅十分不便。另外，回迁费要 3 万元，这事我根本不敢想。谭姨却替我想了，替我调换了一处不花钱的平房，50 平米，室内有厕所、上下水、集中供暖。谭姨和我一不沾亲，二不带故，我讲不出大道理，只能说，她是优秀的共产党员，永远活在我们一家人心中。"

上交税费 680 万不在企业报一分钱

居委会兴办便民网点，或者叫委办经济，曾经风靡全国，以后大多归于沉寂，而十委却是"办一个，成一个，好一个"，目前，有大小企业 17 个，固定资产 2000 万元，年创产值千万元以上，1985 年以来，累计向国家交纳税金 680 余万元，近 5 年来年均实现利润 60 余万元。

长盛不衰的奥妙在哪里？

十委班子一班娘子军，坐在一起总结，认为第一条就是："有一个好带头人。"她们说：这些年，谭姨和班子没在企业报过一分钱，没上企业吃过一顿饭。而帮办年检等各种服务却及时周到，听说企业遇到困难，就委派赵惠君急吼吼地跑有关部门协调，有时谭姨还亲自打电话。

对企业的要求只有一条：用够十委的金字招牌，不许

抹一点黑!

　　1999年末,长春市决定取消马路市场。十委兴办的通安露天市场也在其中。谭竹青召开居民议事会后决定:招商引资,兴建室内市场。建市场需要投资几百万元,十委选择了股份制办法。其中一位个体老板投资四五百万元。他对谭竹青说:"谭姥姥,我冒这么大风险,是真信任您!"谭竹青说:"孩子,你放心,十委对你的每一分钱负责。居民的动员、拆迁、安置由我们承担,保证误不了工期。"这位老板深受感动地说:"凭您的为人,就是赚不到钱,我们也干。"他们当年施工、竣工,使用面积达3500平方米的十委综合市场展现在人们面前。这是全市第一个由社区居委会兴建、管理的市场。

　　市场建起来了,300个摊位一个月内全部租了出去。谭竹青常常去转转,那里的摊主大部分是她熟悉的下岗职工。她发现卫生、经营方面的小问题,就批评这些孩子们几句。谭竹青去世后,摊主们在市场里就掉了泪:"老太太去了,真想听她再骂我们两句,听不到了,听不到了呀!"也有摊主鼓励记者宣传谭竹青:"我们希望多出几个谭姨!"

　　有一位温州老板小郑,在长春经商遭遇"吃拿卡要",转移阵地到了十委。他需办营业执照,赵惠君第二天就办下来了。小郑以零售小商品起步,发展到批发货品,目前已在市中心开了几家连锁店,可"大本营"还留在十委。一次赵惠君冒着严寒去为他年检,他拿出一套化妆品表示感谢,小赵坚决不收。郑老板称赞:"谭姨带出十委的廉洁作风,让投资者守法经营得实惠。"

　　十委是全国社区工作的典范,谭竹青曾获全国劳模、"孺子牛"奖、全国优秀居委会主任等12项国家授予的荣誉,少不了外出开会。她不向企业伸手,自家差旅费省了又省。一次,她带赵惠君等人去北京开会,舍不得消费火车上的盒饭,提前买了几块廉价蛋糕。吃饭时,小赵看见蛋糕已起了霉斑,怕老人吃出毛病,坚决要扔掉,谭竹青掰掉表皮,吃了下去。

甚至和领导一起出门办事也是这样。一次谭竹青、王玉莲随同有关部门领导去北京开会，下了火车，4个人找了个小吃店，要了盘5角钱的土豆丝，一盘最便宜的拌菜，就算请了领导的客。

十委正常收取的管理费，用于社区建设和补助困难群众。10年来，直接救济困难居民医疗费、学费、过年费10万元。这些，在定期召开的企业会上，要予以通报。企业经营者说："十委光彩，我们光彩，跟十委合作，我们放心。"

有下岗无待业巴掌大的十委安置千余人

一辆自行车驶进长春第五化工厂，蹬车的是待业青年金老五，后座驮着谭竹青。

"我们十委有20多个孩子待业，怕他们闲着学坏了，你们厂子里有干不了、干不动的活，给我们干。"

双方一拍即合，谭竹青当场揽到装废沙的活，第一天她领着小青年干，观察后任命了正副队长。小青年们头一个月，每人挣了十几元，以后挣到三十几元。

这还是80年代初的事。以后，十委慢慢成长壮大，中学毕业找不到工作的孩子越来越多，居委会办的网点也越来越多，如同一片丰饶的土地，任小苗在上面生根开花。老居民还记得那情景："小饭店刚开张，吃饭的人少，满屋子站着小孩（安置在其中工作的待业青年）。"

再后来，"下岗、下岗、一家双下岗"成为十委绝大数居民家庭的惨痛经历。

谭竹青劝下岗职工和家属们稳住心："厂子没了，还有委里。共产党啥时候都是为人民服务的，政府绝不会看着群众没活儿干、生活困难不管！"她召集居委干部开会："如今党和政府有了难处，这就是咱委上天大的事。我们要为政府分忧，为民解难。"

谭竹青亲自挂帅，成立了下岗职工再就业领导小组，设立了下岗职工再就业服务站。几位社区副书记、副主任分片包户逐个调查，掌握了解职工情况，并寻找解决问题的途径。

社区企业是他们的第一大阵地。共安排了700多名下岗职工，社区露天市场和后来改建的十委综合市场、洗浴中心先后安排了300多人，下岗职工不懂经营之道，谭竹青就组织人在市场开设了几个就业咨询窗口，请老业主为她们传授营销技巧。有人缺乏启动资金，她又四处筹措，帮助解决。

发展社区服务网点和鼓励下岗职工自谋职业、生产自救是十委采取的第三、第四个渠道。谭竹青组织有土木建筑技术的下岗职工，成立了社区房屋维修队；懂医术、会护理的，被安置在十委医疗服务中心做医生的助手；年龄较大、不愿经商的，就安排到益寿院当服务员。

董学芹，剪个男孩式的短碎发型，面庞白里透红，做事干净利落。几年前因为孩子小，找工作不易，做了专职主妇，一家人指着丈夫的工资生活。1998年的一天，丈夫带回家一个晴天霹雳："我下岗了！"小董蒙了，找工作缺关系，自己干没资金，今后咋生活？

一筹莫展之际，房门被谭竹青敲响了，小董家住5楼，谭竹青正在病中，是让人搀扶着爬上来的。她坐下喘口气，开口说道："你干点啥吧，谭姨给你在咱委里的露天市场整个地方。"小董只觉眼眶热辣辣的，连个"谢"字也说不出来。两口子即兴奋憧憬，又不无忧虑，反复与谭竹青商议，决定开个炸鸡床子。

炸鸡床子越干越大，谭竹青常到市场看看转转，她就像母亲一样，看到儿女们安居乐业,才能放心。

一年多后,长春取缔露天市场,谭竹青安慰小董:"你别上火,拆了街边露天的,咱委上重建一个室内的,还让下岗职工经营。炸鸡有烟,不能干了,你再选一样别的,凭你这能干劲儿,干啥都成!"

小董选择了做面食。烙饼香,分量足;切面筋道价不高,生意再次红火。谭竹青还是常来转转,她问小董:"有没有信心再扩大一块地方,帮我解决几个下岗职工?"

年轻的小董感觉自己就像一个家庭中的大姐,母亲说,你过好了,拉扯一把弟弟妹妹,岂有不听从之理?

她扩充了十几平米的摊位,贴出招工条子,很快有人应聘。现在,小董麾下有饼店、切面店、饺子店,与丈夫共同管理5名职工,"下岗"已成为她珍藏的记忆。

提起谭姨,马小华的眼圈立刻就红了:"我是农村过来的,没有户口,只能干临时工,每月生活主要靠我爱人的那点工资维持。1994年,我爱人因癌症离开人世,他治病的钱是借的。他走了,全家只剩下了几块钱,今天吃了,明天咋过没法说。孩子小,还没上学。我想,我的路是不是已经到头了?

"正在这时,谭姨和几位委主任像救星一样出现在我面前,她们还拎着东西,我一看,就哭出来了。谭姨说,安排你到益寿院上班。我和孩子没地方住,就安排在益寿院住,一日三餐在院里吃。

"我还是哭,可那是高兴的泪,我整理了一下东西,带着孩子搬了过来。孩子该上学了,谭姨又帮我联系学校,让孩子正常入学。

"我没有别的报答。只有踏踏实实、一心一意干好工作。老人病了，我夜晚守候在一边，我想，谭姨关心老人，我服务好，就是替谭姨解除后顾之忧。"

近几年，十委已安排1000人次的下岗职工、居民亲属就业，实现了社区有下岗无失业。

不搞书记主任"一言堂" 议事会决策大家说了算

十委社区办公楼有房十几间，其中最大一间钉着黄澄澄的铜牌：居民议事厅。这里是社区议事人员开会的地方。

十委的议事人员包括直选产生的70名居民代表、单位代表、本社区的各级人大代表、政协委员和知名人士。这些代表的照片、联系方式都公示在居委会走廊里，方便居民反映意见和问题。

居委会订有详细的《自治章程》、议事人员承诺和议事内容，它包括社区事业发展规划、公益事业、财政收支、投资重点和涉及居民利益的各种事项。

赵惠君等追忆："谭姨一直主张居委会有事大家商量，不搞书记主任一人说了算。我们建敬老院、办露天市场、建十委综合市场等大事都经过议事会，仅敬老院回迁就开过3次正式会议。大事小情通过议事会上上下下，办起来格外顺畅。"

在十委露天市场取消时，在那里摆摊床的下岗职工纷纷表示："谭姨，市场还得办，不办，我上哪儿卖去？日子刚踏实下来，您得给我们做主！"也有居民反映，办市场扰民，卫生差。室内市场摊位费高，没人租怎么办？招商引资少说几百万，万一干赔了钱，十委这面红旗就成黑锅了。

建，还是不建？怎么建，才能让大多数居民满意？方方面面莫衷一是。谭竹青召开居民议事会，第一次30多人的会议，意见没能统一，谭竹青让大家分头回去征求本楼居民意见。第二次20多人的会议，决定建市场。进行封闭管理,解决好卫生、噪音等问题。

居委班子再次开会,具体研究落实居民议事会的决议。由于居民支持,市场建设顺利,运转良好。

未成年人沉迷网吧是一个社会难题,十委周围建有8间网吧,一段时间里,寒暑假、双休日,每间网吧里都有十委的中小学生。十委在梳理居民提交的《居民自治、服务需求调查表》时发现,有部分居民、居民代表提出对孩子迷恋上网打游戏的担心。十委在民主议事会上提出这个问题,最后决议:由志愿者组成义务巡察队,经常去网吧巡察,如发现网吧接待未成年人,就把孩子接出来并通知文化局等部门查处。由于管得严,十委的孩子没有一个沉迷网络。

去年10月,二道区民政局局长梁翠霞去十委,正赶上七八个居民围着谭竹青、赵惠君反映:"全市供暖一周了,我们这楼暖气冰凉,老人孩子冻得受不了!"谭竹青一边叮嘱居民采取些保暖措施,一边满口应承:"明天下午一定给你们答复。"梁翠霞担心地提醒:"明天就能答复?说话得留点余地。"

没想到,第二天去询问,该楼已正常供暖。谭竹青笑着告诉梁局长:"涉及市公用部门的事,老百姓个人不好联系,光靠我们居委会几个人,跑不过来,也管不好。我们发挥议事会作用,大事由社区自治组织出面,往往很顺利。"

十委几次召开70人参加的议事会,请城建部门、派出所、物业的相关领导,就居民反映的道路破损、建筑垃圾运输、防盗门被撬、部分住户长期用水难等问题讨论,这些在不少社区久拖未决的问题在十委都能很快解决。

居民意见,谭竹青与社区真当回事;谭竹青与社区提倡或反对什么事，居民也一呼百应。

90年代初，长春是法轮功的重灾区，可是十委却是法轮功宣传者"针插不进，水泼不进"的地方。这不仅因为社区提前向居民告知了法轮功的阴谋，更因为居民坚信："凡社区居委会拥护的，我们就拥护，凡社区居委会反对的，我们就自觉抵制。"

一次，两名宣传者到一户居民家发传单，这户居民立刻到社区汇报。两名宣传者进了第二家，第二家居民又向社区汇报。根据汇报，谭竹青亲自打开广播，向全体居民通报此事，两名宣传者听到广播，不敢停留，很快"撤离"了十委。全委547户，无一人习练法轮功。

高尚的人，纯粹的人，毫无利己之心的人

80年代前，谭竹青曾有过4次招工招干的机会，哪一个都比居委主任收入高。她是1949年前参加工作的，进入干部序列，便顺理成章享受离休待遇。可是，想到居民离不开她的服务，这些机会她都谢绝了。

1983年以来，街道党委先后两次给谭竹青晋级，都被她婉言拒绝了。她总是说："我生活不错了，现在委上还有不少居民生活不如我，这浮动工资我不要。"近十几年来，按照街道办事处经济承包合同等规定，谭竹青应得奖金达15万元，可她一分钱也没要，全都用于发展十委经济和救济困难户、军烈属了。

谭竹青家的原住房25平米，阴暗潮湿。家庭成员除她和丈夫宋国华还有一双儿女。宋国华的父母、谭竹青的弟弟、弟媳一度与他们同住，这还不算不断临时借住她家、父母管不了的一拨拨顽皮孩子。

1985年，居委会盖幼儿园，因面积紧张，谭竹青主动提出把自家本来就很紧张的住房无偿拆掉一半建幼儿园。拆墙那天正下大雨，儿媳脸上雨花裹着泪花，谭竹青硬着心肠指挥儿子砸墙搬砖。

70年代，宋国华在东站街道房管所当支部书记兼所长，掌管着根据居委会申请，为居民调配住房的权力。谭竹青只要有心，自家住房能够可劲儿挑，年年换。可是，她一直坚持到1996年底，十委安居工程全部竣工，才随最后一批回迁居民搬入新居。

有文化人感叹，谭竹青的行为几近圣徒。而谭竹青自己说的却如十委的泥土那般质朴："街坊四邻住得都不好，我是为他们服务的，不能脱离他们。"

随着十委闻名遐迩，有些国际友人到十委参观。他们寄来邀请函，请谭竹青去考察。吉林省也曾给予谭竹青出国考察的机会。但谭竹青总是看一眼就收进抽屉，她说："我不能去，咱省下路费，办些网点，搞社区建设，为居民和贫困户办事。"

有些得到过谭竹青关心帮助的人曾带着钱物去看望她，都被她无一例外地退了回去。有位特困职工，谭竹青帮助她的孩子申报特困，省妇联资助孩子1000元。这名职工拿了200元钱到谭竹青家表示谢意，谭竹青严肃地说："这钱是党和政府资助特困学生的，我花了，不是犯罪吗？"

谭竹青2005年12月3日去世，11月29日住院，此前她面色苍白浮肿，肾肺病变严重。可是，她的心、她衰弱的身体，依然扑在社区工作上。同事们劝她在家休息，她爽朗地笑着说："我把吊瓶调换到晚上打，白天该干啥不耽误。"

23日上午，她主持社区低保听证会，处理了一起情节复杂、掺杂邻里纠纷、个别人挑唆闹事的低保申请事项。下午参加社区治安工作会，与大家商定十委保持未成人零犯罪的措施。10天后，她去世的消息传回十委，那起低保纠纷的主角抱着一大捆烧纸来到谭竹青家，对着遗像痛哭流涕："老姐姐，我对不起你，是我把你累死了！"

竹青家有"编外主任",宋国华是座好靠山

谭竹青与宋国华伉俪情深。谭竹青离去,宋国华的身体几天内明显衰弱,但他仍十分清晰地赞美谭竹青:"她对老人是孝顺儿媳,对儿女是好母亲,事业上是党的好女儿。"

"1977年,我父亲得了色素癌,大腿根一大块黑痞子,里面溃了脓,打开绷带熏得人睁不开眼。我给换药,父亲嫌我手重,她接过来,轻手轻脚,以后都是她干,儿媳做到这份儿上不容易。"

"我们1956年8月结婚,11月去农村把我前妻去世后搁下的儿女接来。小闺女4岁,弱得风能刮倒。她接来,早上把小棉袄烤热了才给穿上。对孙子辈也是这样,家里有什么好的,总是先照顾别人。她的好处一天一夜也说不完。"

其实,宋国华对谭竹青的支持同样是一曲荡气回肠的爱情之歌。

有一名劣迹青年,打架斗殴,谭竹青批评了他,他竟用砖头咚咚地砸谭竹青家的窗户,将护窗板砸烂。宋国华一面鼓励谭竹青:"不怕,他是坏人怕好人。"另一面,谭竹青出门,他跟在后面保护。这是多么温暖的臂膀,可依傍的大山!

青年小曲,帮人打架,背上被扎了两刀,露出骨头,父亲没去医院看他,第一个拎着食品去的,是谭竹青。小曲出院后,为了割断他与"铁哥们儿"的联系,谭竹青让小曲住在自己家。后来,有人再找小曲帮着打群架,小曲不去,他说:"我不想让谭姨和姨父(宋国华)伤心。"

六七十年代,宋国华19级,工资78元,比谭竹青的工资高很多。他将工资交给谭竹青掌管,月月花个净光,家里没买下一只木箱,用纸箱装衣服。

钱呢?大部分花在吃上,除了自家亲人,还有些像小曲似的顽劣孩子,或父母管不了,或父母不愿管,或两劳回来没了住的地方,统统进了谭竹青的家门,断断续续住过七八年。

谭竹青做好饭,乌压压围上一圈黑脑瓜儿,赶上吃饺子,没人用碗碟,孩子们直接上盆里抓。没有对妻子海一般的理解与挚爱,哪一个男子汉能如此支持忍耐?

宋国华被居委干部称为"编外主任",他能历数谭竹青工作中的点滴经历。这是因为十委许多重大事务,宋国华都亲身参与,许多好点子是他最早提出的。

2005年12月9日,谭竹青去世6天,宋国华拿出2000元替谭竹青交了最后一次党费。上级和各界送给宋国华一些慰问金,他让社区居委会替他准备一份困难家庭名单,他说:"竹青活着不会用这笔钱,她生前怎么做,我还怎么做。"

此文刊登于2005年12月15日出版的《中国社会报》

风采尽出小巷中

★★★★★   《光明日报》记者 曾 毅

一个老人,她74岁的生命在2005年12月3日就已经停止,但她的名字却越来越广泛地在她生活过的城市里传颂。

剧场里，她的故事被自发地写成"二人转"在传唱；社区里，她的笑容被定格在画廊里受敬仰；机关里，她的事迹让每一个公仆受感动；长影厂内，她的故事被两个资深的编剧一边哭一边创作成剧本，将在不久的将来向全国观众展示……

一个怎样的老人会有如此的魅力？

党旗下闪亮的"小巷总理"

长春市二道区东站街道十委社区党委书记兼居民委员会主任，这是谭竹青全部的头衔，也是她48年没有变过的岗位，尽管中间有过好几次招工招干的好机会。

其实，东站是个平民区。"这么多年来，我们这儿的居民最大的一个官是科长。"现在的十委代理居委会主任赵惠君说，"当年这里是三条胡同一条街，晴天一身土，雨天两脚泥的棚户区。"就是这样的地方在谭竹青几十年的努力下，成了全国模范居委会、吉林省党建综合示范区、省精品社区、长春市文明示范社区、长春市十大魅力社区。

这面旗，是谭竹青作为基层党委书记筑牢堡垒、带好队伍硬干出来的。

党的书记就要调动各个党员的积极性。针对不同层面的党员，谭竹青提出了流动党员协管、下岗党员托管、离退休党员直管、在职党员双管的新思路，并根据社区党员的职业特点和个人特长，组织了由78名党员参加的志愿者服务队，在家政服务、治安巡逻、文化娱乐等方面为居民服务。在社区，党员岗、党员绿化小区、党员卫生楼道、党员帮扶对子等活动不仅有声有色，更为群众排忧解难。中国共产党在这里，在居民心里，不是一个名词，而是一个标志、一种温暖。

而谭竹青本人,也获得了上至全国优秀党务工作者、优秀社区工作者、劳动模范、三八红旗手、民政部孺子牛奖等大大小小170多项荣誉。

她的老伴儿说,她很知足。1948年她领着弟弟露宿街头七天七夜快要饿死的时候,是共产党解放军救了她,她的命是党给的,她能不好好干吗!

而东站十委的百姓却知道,十委发展的背后,是她的智慧与辛劳。

"不发展经济啥事也办不了"

印象中,谭竹青从未说过经济基础决定上层建筑这类理论术语,只有高小文化的她或许说不出来。但她的"不发展经济啥事也办不了"却为这理论做了最好的实践。

上世纪80年代前的东站十委有"八难"——入托、吃饭、行路、就医、维修房屋、理发、孤寡老人生活和待业青年、两劳人员安置难。居委会更是穷得连笔都买不起。

谭竹青首先想到办个小吃部,既可以解决待业人员的问题,又解决了居民的实际生活困难。可是一没钱二没房,怎么办? 谭竹青动员老伴儿把家里的450元家底都献了出来,就连锅碗瓢盆都没留,自己家只能在炕沿上吃饭。然后,她领着班子成员和党员拣砖头、挖沙子,愣是用自己的手盖起了小吃部,还起了个吉祥的名字叫"如意"。

就是从这个"如意"开始,十委有了麻花厂、鞋厂、皮革厂、服装厂、汽车修配厂……17个委办企业如今的固定资产2000多万元,实现年产值1000多万元,累计纳税 680 多万元，近 5 年年均实现利税 60 多万元。

有了钱，谭竹青没买自己的专车，也没出国旅游考察过。她办起了幼儿园、敬老院和校外辅导班，修建了柏油路，在人行道铺上方砖，种上花草，盖起凉亭和街心花园。如今，十委每个家庭都有医疗档案和优惠卡，居民有病就医、室内装修、水暖安装、紧急用车等 17 项日常生活需求不出社区就可以享受服务。

"有下岗无失业"的铿锵承诺

"上有国务院，下有街道办。"这是谭竹青常说的。这看似调侃的话却是她将自己的职责与党的要求紧密联系的写照。于是，在改革的今天，在以工人为主要成分的东站十委，就有了谭竹青"有下岗无失业"的郑重承诺。

董学芹是十委一个普通的居民，1997 年的一天，唯一有工作的丈夫垂着头带着下岗的消息回到家。找工作没关系，自己干缺资金，董学芹只有掉眼泪的份儿。没几天，她家的门被谭主任敲开了："你干点啥吧，谭姨给你找地方。"连个"谢"字都没说出口，董学芹的炸鸡店就在委里的露天市场开张了，本钱也是谭竹青找人借的。炸鸡店刚还上债、有了点规模，就赶上了政府取缔露天市场。不光董学芹着急，谭竹青更着急。这个市场还有她安置的 39 名下岗职工呢。于是，谭竹青四处奔走，找来开发商，建起了全市第一个由社区居委会兴建、管理的室内市场。董学芹在这里做起了面食，如今不仅规模越来越大，还解决了 5 名下岗职工的就业。赵惠君介绍说，十委承诺下岗三天之内就介绍工作，为此，谭主任想出了四个渠道安置下岗职工，一是利用街委企业，二是利用社区服务网点，三是寻求驻委企业，四是鼓励自谋职业。就是这四条阳光道，让十委 500 多名下岗职工实现了再就业。

为官一任：为国分忧 为民解难

中央电视台《新闻联播》

"为官一任，就要为国家分忧，为群众解难。"长春市二道区东站十委社区党委书记、居委会主任谭竹青，48年来，坚持共产党员的先进性，用行动实践自己这一人生诺言。2005年12月3日，谭竹青永远地离开了我们。

[记者现场]

在她去世后，人们在她生前所在的长春市二道区东站十委社区，建起了这个谭竹青同志事迹展，怀念他们的好主任。

杨秀荣已经是第三次来参观展览了，在谭竹青20世纪80年代初带领大家创办的第一批社区企业的照片前，她总是禁不住热泪盈眶。那时，杨秀荣和爱人刚刚下岗。

[十委社区居民　杨秀荣]

谭姨来到我家说,孩子,虽然单位垮了,但是咱有政府,有居委会,放心吧,咱一定渡过这个难关。

[十委居委会干部　赵惠君]

我们大家当时都觉得这事不可能。为什么呢?因为咱们要找岗位多难啊。老妈(谭竹青)就斩钉截铁地说,这个事咱必须得做。

二道区东站十委社区位于长春市城乡结合部,曾是长春市有名的棚户区,居民大多是普通工人,像杨秀荣这样的下岗职工家庭在社区超过70%。

谭竹青带领居委会成员经过反复调查,决定创办企业,发展委办经济,解决下岗工人的就业问题。

"老妈(谭竹青)当时说咱们先办一个小吃部,(但是)建小吃部你得有钱啊,另外你还得盖房子,你得有资金啊。"

谭竹青二话没说,带头拿出老两口多年的积蓄——450元钱。为了省钱,年近半百的她和年轻人一起挖河沙、捡砖头,凭着一股子韧劲,硬是垒起了仅有十几平方米的小吃部。

[十委社区居委会干部　张玲]

当时创办小吃部安排了18个人就业,大家都非常高兴,我们社区干部也有了干劲儿,居民群众也看到了希望。

小吃部刚开张,没有面点师傅,每天凌晨两三点钟谭竹青就和大家一起到三四公里外去批发酥饼,没有公交车,他们就推着板车去,一个来回要两三个小时,而每个酥饼却只能赚到一分钱。

靠着这样"小燕垒窝"的办法,一点一滴地积累,没要国家一分钱,没有向银行贷一笔款,十委社区又陆续办起了服装厂、装潢公司等17个企业,从一无所有到拥有2000万资产,杨秀荣和全社区700多名下岗职工都重新上了岗,十委社区成为长春市第一个有下岗无失业的社区。

[十委党委书记、居委会主任　谭竹青]

我是个党员,我干这个(居委会工作)的,上为国家、为党中央分忧,下为居民解难,这是一个党员干部的责任。

这条宽敞整洁的马路,曾经是长春市最让人头疼的一个马路市场。每天上百个小摊聚集在这里,影响了交通,破坏了环境,群众意见很大。1999年,长春市政府下发文件取缔马路市场。

[十委社区市场监督员　洪锡德]

我们前脚刚撵完了小摊小贩,他们马上就重新糊上来了。我们觉得这个工作没法干了,回去跟谭主任说,容易起矛盾,还是等政府吧。

谭竹青没有等,她说没有不讲理的群众,只有不会工作的干部。她带着社区人员挨家挨户地了解情况,首先找到了有名的"钉子户"丁广吉。

[十委社区居民　丁广吉]

那天晚上谭姨到我们家,我想不是来罚款,就是给我下最后通牒来了。没想到谭姨跟我唠了一晚上,就是问我们家有什么经济困难。

了解到马路市场的摊点是很多居民唯一的经济来源,

谭竹青左思右想,决定用招商引资的办法来建一个室内市场,这样既不影响环境,又方便了群众。寻找开发商,落实资金,说服商户。很快,一个面积达3500平方米的室内市场落成了。这是长春市第一个由社区居委会自己兴建、管理的市场。丁广吉高高兴兴地搬了进去。

结果进了大厅(室内市场)以后,我们的环境也好了,卫生也好了,也多赚钱了。

[吉林省委副书记　唐宪强]

谭竹青同志用自己的实际行动把党的政策落到实处,把党的温暖送到了千家万户。(我们)迫切需要千千万万像谭竹青同志这样的基层党员!

附 录

学习谭竹青的重要批示

2006年3月28日上午,谭竹青先进事迹报告会在北京人民大会堂举行。报告会前,中共中央政治局常委、国家副主席曾庆红亲切会见了报告团全体成员,并即席发表讲话。他代表党中央对谭竹青同志的家属表示亲切慰问,要求全国广大社区党组织和社区工作者,深入开展向谭竹青同志学习的活动,按照情为民所系、利为民所谋、权为民所用的要求,以保持党同人民群众的血肉联系为核心,以服务广大居民为重点,以群众满意为标准,切实做好社区的各项工作,为构建社会主义和谐社会奠定坚实基础,谭竹青同志是新时期优秀共产党员的代表,是保持共产党员先进性的楷模,是全国广大社区工作者学习的榜样。她心系社区、一心为民的公仆情怀,勤奋敬业、求真务实的工作作风，淡泊名利、甘于奉献的高尚品格，集中体现了新时期基层党务工作者和社区工作者的精神风貌，忠实实践了"三个代表"重要思想，谱写了共产党员全心全意为人民服务的感人篇章。她的先进事迹和崇高的精神可敬、可亲、可学。

曾庆红强调，社区是居民的家园，社区工作是党在城市工作的基础。十六大以来，我国广大社区工作者立足本职岗位，扎根人民群众，牢固树立群众观点，不断增强服务意识，满腔热情地为群众办实事、做好事、解难事，在平凡的岗位上做出了不平凡的业绩，为城市经济社会发展创造了良好环境，为改革发展稳定做出了重要贡献。在新世纪新阶段，随着我国城市化进程的不断加快，随着城市基层管理体制改革的不断深化，社区在城市工作中的地位和作用越来越重要，做好社区工作对社区党组织和广大社区工作者素质和能力的要求也越来越高。全面建设小康社会、加快社会主义现代化建设，呼唤千千万万个谭竹青式的优秀社区干部，要通过广泛开展学习谭竹青同志的活动，让谭竹青同志全心全意为人民服务的精神在祖国各地广大社区生根、开花、结果，为推动我们党领导的伟大事业和党的建设新的伟大工程提供强大的精神动力。

曾庆红要求全国广大社区党组织，把开展学习谭竹青同志的活动同巩固发展先进性教育活动成果结合起来，特别是要同扎实开展社会主义荣辱观教育结合起来。他指出，胡锦涛同志关于树立社会主义荣辱观的重要讲话非常重要，对进一步形成良好的社会风气、提高全社会文明程度，具有至关重要的作用。讲话提出的"八荣八耻"，是我们党关于干部队伍和全体公民思想道德建设的重要指针，是加强党的作风建设和社会风气建设的行动纲领，也是我们促进社区和谐与社会和谐的重要内容。要引导广大党员干部和社区工作者，以身作则，率先垂范，争当知荣辱、树新风、兴文明、促和谐的表率，以实践社会主义荣辱观，进一步落实好科学发展观，为中华文明的伟大复兴建功立业。

民政部关于追授谭竹青同志"社区工作者楷模"荣誉称号的决定

★★★★★

各省、自治区、直辖市民政厅（局）：

1998年以来，在党中央、国务院的高度重视和正确领导下，在居民群众广泛参与下，经过全国40多万社区工作者的辛勤努力，我国社区建设全面推进、蓬勃发展，取得了显著成绩；合理设置城市社区规模，初步构筑了以社区为主的新型社会管理体系；发展社区服务，初步构筑起以社会求助为基础的社区公共服务体系；培养社区干部，初步建立了一支中国特色的社区工作者队伍；推进社区居民自治，初步形成以社区党组织为核心，功能健全、运转有序的社区组织体系。他们为政府分忧，为社会解难，为居民服务，在平凡的岗位上做出了非凡的业绩，特别是在帮助社区弱势群体，大力推进社区就业再就业，以及抗击"非典"斗争中发挥了积极作用。谭竹青同志就是其中的杰出代表，她的事迹，生动地反映了近年来我国社区建设取得的成绩，集中体现了社区工作者高度的主人翁责任感和艰苦创业精神、忘我的工作热情和无私奉献精神、强烈的开拓进取意识和创新求实精神、良好的职业道德和爱岗敬业精神，充分展现了新时期社区工作者的精神风貌，是广大社区工作者学习的光辉榜样。民政部决定，追授谭竹青同志"社区工作者楷模"荣誉称号。

谭竹青，女，汉族，生前是吉林省长春市二道区东站街道十委社区党委书记、社区居民委员会主任，1948年参加工作，1975年加入中国共产党。1956年至2005年，一直担任长春市二道区东站街道十委社区居委会主任，1979年起兼任党支部书记，2005年12月因病逝世。谭竹青同志从事社区居委会工作48年，用近半个世纪的行动谱写了勤勉为民的感人篇章。先后获全国优秀党务工作者、全国劳动模范、全国"三八"红旗手、全国优秀社区工作者等多项荣誉称号，是新时期优秀共产党员的杰出代表，是全国广大社区工作者学习的楷模。

当前，社区工作在城市基层工作中的作用越来越重要，社区承担的任务也日益繁重。做好新时期社区工作，需要千千万万个像谭竹青这样的共产党员和社区工作者。广大社区干部要以谭竹青同志为榜样，学习她48年如一日，始终不渝地将为居民谋幸福作为人生的奋斗目标与追求，把坚持党的宗旨和贯彻"三个代表"重要思想落实到实际行动上，一辈子为民着想，为民服务；学习她热爱社区工作，不怕麻烦，不畏艰难，勇于奉献，历久弥坚的敬业精神，为工作、居民恪尽职守、殚精竭虑，情系社区百姓，让党放心、让人民满意；学习她自尊、自信、自立、自强的拼搏精神，积极投身改革开放建设大潮，努力做出一流业绩；学习她亲民爱民的民主作风，相信群众，依靠群众，集中民智，汇聚民力，带领居民创造幸福美好的生活。

2006年3月23日

学习谭竹青 建设和谐社区
——在谭竹青同志先进事迹报告会上的讲话

民政部副部长　窦玉沛

同志们:

刚才,报告团分别从领导眼中的谭竹青,同事眼中的谭竹青,居民眼中的谭竹青,亲人眼中的谭竹青等不同的视角,为我们讲述了谭竹青同志平凡而非凡的动人事迹,追思了她的光辉业绩,颂扬了她的高贵品质,表达了对她的怀念和崇敬。听后感人肺腑,催人泪下,激人奋进,让我们强烈地感受到小巷里的真情,普通中的高尚,平凡中的伟大。连日来,随着中央和地方媒体的强势宣传,谭竹青的事迹传遍大江南北,在全国上下引起强烈反响。凡是听过她事迹的人,无不为她的崇高精神所感动,无不为她的优秀品德所震撼。中央领导同志高度评价谭竹青同志的先进事迹,中央政治局常委、中央书记处书记、国家副主席曾庆红同志,中央政治局委员、国务院副总理回良玉同志,中央政治局委员、书记处书记、中央宣传部部长刘云山同志,中央政治局委员、书记处书记、中央组织部部长、中央先进性教育领导小组组长贺国强同志,分别对谭竹青同志的先进事迹做出重要批示,充分肯定了学习谭竹青事迹的巨大社会价值,明确要求要宣传好、学习好谭竹青同志的先进事迹。报告会前,曾庆红、回良玉、贺国强等中央领导同志亲切会见了谭竹青同志的家属和报告团成员,曾庆红同志发表了重要讲话,对谭竹青同志上为中央分忧、下为百姓解愁的感人事迹和崇高精神给予了高度赞扬。同时对全国40多万名社区工作者的工作给予了高度评价,对建设和谐社区提出了明确要求,这对我们认真开展向谭竹青同志学习,进一步做好社区工作具有重要指导意义。

今天我们召开谭竹青同志先进事迹报告会,就是要认真学习贯彻中央领导同志的指示精神,推动学习宣传谭竹青活动在全国广泛深入开展。

谭竹青同志是一位普通的社区干部,她在平凡的岗位上忠实地践行了党的宗旨和"三个代表"的重要思想,一心一意为人民群众谋利益,甘当为人民群众排忧解难的知心人,以平凡的一生谱写了为民、务实、奉献的光辉篇章。在她身上充分地体现了社会主义荣辱观的精神内涵,形象地反映了我国社区建设取得的丰硕成果,生动地展示了社区工作者艰苦创业、无私奉献、忘我工作的时代风采。为此,民政部决定追授谭竹青同志"社区工作者楷模"荣誉称号。

谭竹青同志虽然离开了我们,但她的崇高精神和感人事迹将永远值得我们学习。谭竹青精神最核心的内涵是一心为民。她在社区工作48年,近半个世纪,视广大居民群众为亲人,始终把居民利益放在第一位,时刻把居民的安危冷暖放在心上,心里装着居民,凡事想着居民,一切为了居民,甘做居民群众的"孺子牛"。她走百家门,知百家情,解百家难,暖百家心。竭尽全力为百姓办实事,坚持不懈地为居民做好事,千方百计为困难群众解难事。把党的温暖撒向广大居民群众,把政府的关怀送进千家万户,她用满腔的热情和忘我的工作,忠实地履行了全心全意为人民服务的根本宗旨,她以公仆的情怀和终生的奉献,默默地谱写了一心为民的动人篇章。

谭竹青精神最大的特点是平凡而伟大。她置身于小巷,工作在基层,没有轰轰烈烈的伟业,没有惊天动地的壮举,但她做的实事好事,件件贴近老百姓,桩桩为了老百姓。从居民的安居乐业到生老病死,从扶老爱幼到助残济困,正是这些看似平凡的小事,密切了党和政府与人民群众的血肉联系,树立了社区工作者的良好形象,巩固了党的执政基础,夯实了共和国大厦的根基。她的事迹平凡而伟大,她的思想朴实而光辉,她的精神可信、可敬、可学、可用。

谭竹青精神最最令人信服的地方是居民满意。她以为民、务实、奉献的崇高品德,赢得了广大居民群众的衷心爱戴。一个普通居委会干部的病故，牵动了无数人的心。遗体告别那天，广大居民、老年人、残疾人、困难群众、当地各级干部在零下18℃的凛冽寒风中，或静静地肃立，或失声痛哭，或默默流泪，为的是向她表达崇敬，为的是见她最后一面。居民群众的怀念是对她最好的褒扬，居民群众的满意是对她最高的奖赏。她生前获得的无数荣誉和身后"社区工作者楷模"的光荣称号，是用共产党人的挚诚和人民公仆的生命谱写的，她无愧于这些光荣称号，不愧为新时期社区工作者的杰出代表。

广大基层干部和社区干部要响应中央领导的号召，深入开展向谭竹青同志学习的活动。学习她牢记宗旨、竭诚为民的公仆情怀，像她那样树立正确的人生观、价值观和荣辱观，一心一意为人民群众做好事，办实事，解难事；学习她求真务实、艰苦奋斗的工作作风，像她那样立足本职，情系社区，爱岗敬业，恪尽职守，殚精竭虑，让党放心，让人民满意；学习她公而忘私、乐于奉献的道德情操，像她那样自尊、自信、自立、自强，舍小家，顾大家，48年如一日，始终不渝地将为居民谋幸福作为自己的人生目标与追求。通过开展学习谭竹青活动，使广大基层干部和社区干部牢固树立社会主义荣辱观，进一步强化爱民、亲民、为民和以民为本、为民解困的理念，把为居民群众办实事、做好事、解难事视为最大的愿望、最大的政绩；把成为居民群众的贴心人作为最高荣誉、最大的追求，以实际行动带领居民群众创造幸福美好的生活。

做好新时期社区工作，需要千千万万个像谭竹青这样的共产党员和社区工作者。广泛开展学习谭竹青同志活动，有利于教育广大基层党员干部牢记党的全心全意为人民服务的根本宗旨，始终保持先进性；有利于鼓励广大基层干部立足本职，在建设和谐社区的实践中建功立业；有利于树立基层干部的良好形象，密切党同人民群众的血肉联系，巩固党的执政基础。

要通过学习谭竹青，推动各项社区工作改革创新发展。充分发挥社区组织在社会主义和谐社会建设中的作用，通过解决民生、落实民权、维护民利，保障居民群众的基本权益，把解决人民群众最关心、最直接、最现实的利益问题做实、做细、做好。要通过开展学习谭竹青活动，进一步加强社区干部队伍建设，努力把社区干部队伍建设成为政治坚定、道德高尚、业务精通，能够担当起和谐社区建设重任的主力军。

同志们，典型就是旗帜，榜样就是力量。当前，我国正处在全面建设小康社会的关键时期，党中央突出强调把实现好、维护好、发展好最广大人民的根本利益作为一切工作的出发点和落脚点；强调群众利益无小事；强调权为民所用，情为民所系，利为民所谋。这是党的希望、时代的要求、人民的期盼。"十一五"规划纲要提出"推进管理有序、治安良好的和谐社区、和谐村镇建设，倡导人与人和睦相处,增强社会和谐基础"。在新的历史时期,社区工作面临的任务更加繁重,承担的职责更加光荣,肩负的使命更加神圣。崇高的社区事业需要广大社区工作者崇高的奉献精神,崇高的奉献精神支撑推动着崇高的社区建设事业。让我们更加紧密地团结在以胡锦涛同志为总书记的党中央周围,深入开展向谭竹青同志学习活动,以更饱满的精神状态,以更扎实的工作作风,用更大的努力,进一步做好社区建设工作,为构建社会主义和谐社会做出应有的贡献。

2006 年 3 月 28 日

后　记

继承遗志，服务社区

全国社区工作者楷模谭竹青为之奋斗了一生的东站十委社区，被上级领导誉为社区明珠，被社区居民称为温馨家园。本书收集的资料，从不同视角再次为我们讲述了谭竹青同志平凡而非凡的感人事迹，再现了谭竹青胸怀全局、情牵社区、心系居民的公仆情怀。

作为她的后继者，社区工作者们深知，社区建设任重而道远，面临的任务将更加艰巨而繁重，承担的职责更加光荣，肩负的使命更加神圣。在新的历史时期续写东站十委社区的新篇章，是各级党委和政府以及社区广大居民群众的殷切期盼和无限重托。我们为拥有老主任这样的典范人物而骄傲的同时，也深感做好社区工作的责任和压力。几年来，他们以谭竹青精神为引领，创新理念，凝心聚力，不断提升服务水平，努力在"服务"二字上下功夫，探索出了一套社会管理服务综合创新模式,实现了"管理形成网,责任落到格,服务精细化"的无缝隙全覆盖。

在今后的工作中,我们将永远高举谭竹青精神的旗帜,在各级党委和政府的关怀和支持下,不断提高社区社会管理能力和服务群众能力,全心全意解决居民的民生问题,让居民在社区大家园里生活得更加幸福。

100位

新中国成立以来感动中国人物

丁晓兵　马万水　马永顺　马恒昌　马海德　中国女排五连冠群体
孔祥瑞　孔繁森　文花枝　方永刚　方红霄　毛岸英
王　杰　王　选　王　瑛　王乐义　王有德　王启民
王进喜　王顺友　邓平寿　邓建军　邓稼先　丛　飞
包起帆　史光柱　史来贺　叶　欣　甘远志　申纪兰
白芳礼　任长霞　刘文学　刘英俊　华罗庚　向秀丽
廷·巴特尔　许振超　达吾提·阿西木　邢燕子　吴大观
吴仁宝　吴天祥　吴金印　吴登云　宋鱼水　张　华
张云泉　张秉贵　张海迪　时传祥　李四光　李春燕
李桂林和陆建芬夫妇　李素芝　李梦桃　李登海　杨利伟
杨怀远　杨根思　苏　宁　谷文昌　邰丽华　邱少云
邱光华　邱娥国　陈景润　麦贤得　孟　泰　孟二冬
林　浩　林巧稚　林秀贞　欧阳海　罗映珍　罗健夫
罗盛教　草原英雄小姐妹　赵梦桃　钟南山　唐山十三农民
容国团　徐　虎　秦文贵　袁隆平　钱学森　常香玉
黄继光　彭加木　焦裕禄　蒋筑英　谢延信　韩素云
窦铁成　赖　宁　雷　锋　谭　彦　谭千秋　谭竹青
樊锦诗

图书在版编目（CIP）数据

谭竹青 / 邵雅明编著. -- 长春：吉林文史出版社，
2012.12（2022.4重印）
（100位新中国成立以来感动中国人物）
ISBN 978-7-5472-1406-0

Ⅰ.①谭… Ⅱ.①邵… Ⅲ.①谭竹青－生平事迹－青年读物②谭竹青－生平事迹－少年读物 Ⅳ.
①K828.5-49

中国版本图书馆CIP数据核字(2013)第002335号

谭竹青

TANZHUQING

编著/ 邵雅明
选题策划/ 王尔立　责任编辑/ 王尔立　李洁华　任玉茗　李萌
装帧设计/ 韩璘
出版发行/ 吉林文史出版社
地址/ 长春市福祉大路5788号　邮编/ 130118
电话/ 0431-81629363　传真/ 0431-86037589
印刷/ 天津海德伟业印务有限公司
版次/ 2012年12月第1版　2022年4月第4次印刷
开本/ 640mm×920mm　1/16
印张/ 9　字数/ 100千
书号/ ISBN 978-7-5472-1406-0
定价/ 29.80元